古典文獻研究輯刊

三十編

潘美月・杜潔祥 主編

第4冊

滿文譯本《四書》探賾（上）

李慧敏 著

國家圖書館出版品預行編目資料

滿文譯本《四書》探賾（上）／李慧敏 著 — 初版 — 新北市：
花木蘭文化出版社，2020〔民 109〕
目 4+158 面；19×26 公分
（古典文獻研究輯刊 三十編；第 4 冊）
ISBN 978-986-518-089-8（精裝）
1. 滿語 2. 讀本
011.08　　109000637

古典文獻研究輯刊
三十編 第 四 冊　　ISBN：978-986-518-089-8

滿文譯本《四書》探賾（上）

作　　者　李慧敏
主　　編　潘美月　杜潔祥
總 編 輯　杜潔祥
副總編輯　楊嘉樂
編　　輯　許郁翎、張雅淋　美術編輯　陳逸婷
出　　版　花木蘭文化事業有限公司
發 行 人　高小娟
聯絡地址　235 新北市中和區中安街七二號十三樓
　　　　　電話：02-2923-1455／傳真：02-2923-1452
網　　址　http://www.huamulan.tw 信箱 hml 810518@gmail.com
印　　刷　普羅文化出版廣告事業
初　　版　2020 年 3 月
全書字數　224116 字
定　　價　三十編 18 冊（精裝）新台幣 40,000 元

滿文譯本《四書》探賾（上）

李慧敏　著

作者簡介

李慧敏，河南郟縣人，臺灣大學中文系學士、華梵大學哲學系碩士、東方人文思想研究所博士。性喜少數民族語言文化，因而學習藏文、滿文，略有心得，目前任職於中央研究院歷史語言研究所明清檔案工作室。專長領域爲清代內閣大庫檔案、滿文譯本四書學、儒釋道哲學、藏傳佛教。期刊論文撰有〈史語所藏內閣大庫檔案緣起〉、〈雪域西藏探索——兼談西藏文字的創製與發展〉、〈莊子〈秋水〉「河伯與北海若對話」闡微〉、〈說削衣——以居延漢簡爲例〉、〈沙瑪爾巴事蹟重探〉等。藏文譯作有《仰底——上師身語意明點續事業儀軌藏之精要》、《聖綠度母四曼達供奉儀軌》等。

提　要

本文撰述之動機，期望以客觀立場來反省不同民族之間思想、文化的交流，而非以漢族爲核心之「漢化」思想來思考論述，藉此展開更多元的觀點，發掘前人所未見之問題。在論述上之思維脈絡，首先從滿人的觀點出發，作爲統治中國之皇帝應如何了解漢族文化？經筵日講即是最重要的傳遞橋樑，此制度實施後，始有《日講四書解義》滿漢文本成書，繼而乾隆朝繙譯滿漢合璧本《御製繙譯四書》，將之納入《欽定四庫全書》之中。比較具有代表性之康、乾二朝譯本，可知滿文發展之軌跡變化，從而掌握不同時期滿文繙譯之表達方式。而滿文譯本《四書》主要是提供滿洲子弟學習及考試之教材，對於滿人的啓發深具意義。一、康熙帝從中轉化出「道統即治統」之理論，傳承儒家聖賢之「道統」，即能秉承聖賢之「治統」，爲合理統治中國之說辭找到依據。二、雍正帝從《孟子》中提出舜是東夷之人，文王是西夷之人，「夷」之身份無礙其聖德。滿人亦是東夷之人，何以不能統治中國？將夷狄能統治中國進一步合理化。三、康熙帝提出中國崇尚之五德目：忠、孝、仁、義、信，皆來自儒家思想之影響。此時期之《清文鑑》在解釋五德目時，所舉諸例，皆出自《論語》、《孟子》，可知《四書》對於滿人之啓迪不容忽視。思考滿文譯本《四書》之價值有三點，一、在清代語音學之研究上可以提供珍貴之材料。二、對於清代考證學之興起，提供了官方帶動風氣之證明。三、儒家修身、齊家、治國、平天下之理念及忠、孝、仁、義、信等德性價值，也傳遞到滿人思想文化之中。探討滿文譯本《四書》，除了有助於了解清代思想、文化各層面之外，甚至可爲中國歷史上其他朝代不同語文文獻對於當代影響之借鏡。

目次

上冊

下冊

表次

圖次

第一章　緒　論

第一節　研究緣起

乾隆二十七年（1762），青海佑寧寺圖觀胡土克圖（1737～1802，今譯土觀·羅桑却季尼瑪；圖官·洛桑却吉尼瑪）〔註1〕應詔入京，次年（1763）敕封靜修禪師。〔註2〕在京期間，曾向章嘉國師學習佛法，協助其處理宗教事務，參與《清文鑑》、《滿文大藏經》的編纂和繙譯工作。數年後返回青海佑寧寺，嘉慶五年（1801）著述《宗派源流》（又名《宗教源流史》）一書，翌年書成，刊印傳佈。書中主要介紹各地佛教源流，鮮少有人注意到末二章所提漢地儒、道二教概況。關於儒家學說，土觀·羅桑却季尼瑪的見解如下：

> 儒學的創始者爲孔夫子，孔子在其根本理論中談的話不多，他的門徒弟子詳闡其意，發展成爲四種書，名曰四書。漢地一切學人，最初以這些基礎讀物，作爲其求學的根本。四書有：《大學》、《中庸》、《論語》、《孟子》等四種書。首先是《大學》，這書中孔子的著作很少，是由曾子請於孔子推廣其意而成的。《中庸》是子思所作。《論語》是子路、子長、子夏三人纂輯的。《孟子》是以作論者的名字作爲書名的。以上諸人可能是孔子之親教弟子和再傳弟子。〔註3〕

〔註1〕《土觀宗派源流》譯爲「土觀·羅桑却季尼瑪」，見劉立千譯注，《土觀宗派源流》（四川：西藏人民出版社，1999）；藏文版《宗教源流史》譯爲「圖官·洛桑却吉尼瑪」，見圖官·洛桑却吉尼瑪著，《宗教源流史》（甘肅：甘肅民族出版社，1991）。

〔註2〕《史語所藏內閣大庫檔案》，011461-001。

〔註3〕土觀·羅桑卻季尼瑪著、劉立千譯註，《土觀宗派源流——講述一切宗派源流

對於《四書》的學習目的，又云：

> 漢地學者，研習《四書》，已得通達者則稱先生。這個名字直譯則為出生在前。譯其義則為勝士。《四書》之上再學習上說的《五經》，若完成所學，按學習的優劣，則獲得秀才、狀元等名位。如是熟悉《四書》、《五經》成為博學之士，又加習治平之術，則能善教他人明知取捨，具此兩種才能，即可出仕為官，輔佐朝廷，治理萬民。其爵位官職之大小，又視其才能之高下而定。……然晚近因世風日下，學有成就，堪為楷模者，實屬罕見，漢藏兩地，均有同感。〔註 4〕

土觀・羅桑却季尼瑪述及漢地一切學人，最初以基礎讀物《四書》作為求學的根基，能通達《四書》者稱為先生。有了《四書》的基礎，才能進一步學習《五經》。而熟悉《四書》、《五經》成為博學之士後，再加上治平之術，具備此二種才能，始能出仕為官，輔佐朝廷。在距今兩百五十年前，藉由一位千里迢迢來到北京的異族觀察者，印象中的所見所聞述諸筆墨，頗為有趣。

對於《四書》之源流，土觀・羅桑却季尼瑪僅是一種麤略地瞭解，他認為《大學》乃是由曾子請於孔子推廣其意而成，《中庸》係子思所作，《論語》為子路、子長、子夏三人所纂輯；《孟子》則是以造論者之名成書名，這些人可能是孔子的弟子和再傳弟子。姑且不論其見解是否正確，所述實為非漢族所聽聞理解的漢地儒家情形，實際上在滿人所統治下的中國，眞實的景象又是如何？

滿人先祖起於白山黑水，順治元年（1644）入主中原掌握了中國的政權，為了統治天下及施政所需，滿、漢這兩種語言、文字差異甚大的民族，勢必要進行溝通。語言的學習與文字繙譯，就成了最重要的交流橋樑，人才的培養固然重要，然而想要治理漢人，就必須瞭解漢人的思想與文化，因此漢文典籍的繙譯更顯重要，特別是知識份子歷來為求取功名所重視的《四書》。早在入關之前皇太極時代，即已著手繙譯，〔註 5〕也作為滿人學習的教材，納入科舉考試的出題範圍，究竟滿人從《四書》中學到了些什麼？《四書》

和教義善說晶鏡史》（四川：西藏人民出版社，1999），頁 195。

〔註 4〕《土觀宗派源流——講述一切宗派源流和教義善說晶鏡史》，頁 201。

〔註 5〕《清實錄・太宗文皇帝實錄》卷 12 記載，達海卒於天聰六年（1632），所譯漢書成帙者有《刑部會典》、《素書》、《三略》、《萬寶全書》，而《通鑑》、《六韜》、《孟子》、《三國志》及大乘經皆未譯完。

的功用又是什麼？

康熙五十一年（1712）四月二十二日，圖麗琛（tulišen，1667～1740）奉命出使土爾扈特（turgūt），康熙帝指示他見到鄂羅斯國察罕汗時，該如何回答所提問題。他說：「見察罕汗時，如問中國何所尊尚，但言我國皆以忠、孝、仁、義、信爲主，崇重尊行，治國守身，俱以此爲根本，雖利害當前，亦固守此數者，寧死弗憚，不渝其道。」〔註6〕康熙帝所言「忠」、「孝」、「仁」、「義」、「信」五者，究係來自漢族思想，抑或滿族本身亦有，值得進一步探討。而這五者，皆含括在儒家義理之中，因此不得不關注滿人所繙譯之儒家典籍與其關係。諭旨中又言中國安享太平之世已久，皆因尊崇「忠」、「孝」、「仁」、「義」、「信」之故，所以國家「無干戈、無重刑」。「安享太平」之滿文作「umesi elhe taifin i banjime aniya」，意即「極爲安泰太平所產生的年」。其中「elhe taifin」（安泰太平）正是「康熙」年號，說明滿人自詡中國在其治理下，享有無爭戰、無刑罰的和樂太平之世，故定爲滿漢年號。經由此點可以得知，藉著滿文之探討，許多漢文疑義問題能迎刃而解，因此不得不重視滿文。

回顧傳統四書學之研究，皆循著以漢文文獻爲主的脈絡，鮮少有學者注意到非漢文文獻。值得關切的是有清一代，自滿人統治中國之後，以滿文爲主之文獻應運而生，不論是官方文書檔案或是繙譯漢文典籍，甚至由滿文所創作的文學，皆是探討清代政治、文化、思想等方面不可忽視的文獻。也因爲至今爲止，論及清代學術，以漢文爲主的文獻研究爲數甚夥，非漢文文獻卻乏人問津，致使長久以來失於耕耘，因此仍有待進一步深入探討之必要。

多年前，美國哈佛大學歐立德教授曾提出一個「新清史」的概念。〔註7〕雖然贊同與反對者兼有之，然而其所提方法論，實爲一具有啓發性之見解，值得吾人深思。所謂的「新清史」方法論，即是運用漢語以外的其他語文文

〔註6〕莊吉發，《滿漢異域錄校注》（臺北：文史哲出版社，1983），頁11～12。

〔註7〕於2005年11月，臺北國立故宮博物院舉行「文獻足徵——第二屆清代檔案國際學術研討會」中所提，這是將清史研究推向更客觀、更多面性的趨勢。所謂「新清史」，是不同於以往「帶中國（或者漢族）民族主義色彩的歷史編纂基本原則」，而是「尋求脫離大漢族主義的禁錮，找出非漢族（non-Han Other）的觀點並將之整合，以擴大對國家與社會整體的了解。此觀點將滿洲統治放入比較的視界中來探究，並尋求將清帝國歷史研究與其他帝國歷史並列，不只是在中國，而是各地。」因此，「新清史」所要挑戰的是大漢族主義／中原主義的觀點論述，「超越陳舊的漢化解釋，進而明瞭滿洲人統治更大的問題。」

獻來進行研究，特別是滿文。推其原因，乃因滿文是清代兩種官方語文之一。而當時皇帝頒佈政令、政府各部門往來文書、流通的貨幣上，均可見到滿漢合璧文字，足以說明滿文在語言標準上的重要地位，不容忽視它曾經扮演過的角色。而清代與以往其他朝代不同，對於文化的態度是一種多元性的接納，如滿蒙聯姻、藏傳佛教等，姑且不論其動機爲何，在語文方面，確實有多種並存現象，以致有官纂《五體清文鑑》成書，就連乾隆帝本身，亦通曉漢、滿、蒙、藏等多種語言。〔註8〕因此，欲探討清代的語言、文化、思想、制度等問題，不得不重視滿文文獻。

就《四庫全書》所收錄的滿文文獻而言，當以經部的《欽定繙譯五經四書》爲核心，〔註9〕《四庫全書總目提要》云：

> ……我國家肇興東土，創作十二字頭，貫一切音，復御定《清文鑒》，聯字成語，括一切義。精微巧妙，實小學家所未有。故六書之形聲訓詁，皆可比類以通之。而列聖以來，表章經學，天下從風，莫不研究微言，講求古義，尤非前代之所及。故先譯《四書》，示初學之津梁。至於《五經》，《易》則略象數之迹，示其吉凶；《書》則疏佶屈之詞，歸於顯易；《詩》則曲摹其詠嘆，而句外之寄託可想；《春秋》則細核其異同，而一字之勸懲畢見；《禮記》則名物度數，考訂必詳；精理名言，推求必當，尤足破講家之聚訟。蓋先儒之詁經，多株守其文，故拘泥而鮮通。此編之詁經，則疏通其意，故明白而無誤。不立箋、傳之名，不用註疏之體，而脣吻輕重之間，自然契刪述之微旨，厥有由矣。學者守是一編，或因經義以通國書，而同文之聖化，被於四方；或因國書以通經義，而明道之遺編，彰於萬世。其有裨於文教，均爲至大。雖堯帝之文章，尼山之刪定，又何以加於茲哉。〔註10〕

文中盛讚滿文十二字頭「貫一切音」，編製《清文鑑》「括一切義」，「精微巧

〔註8〕乾隆帝自云：「乾隆八年，始習蒙古語；二十五年，平回部，遂習回語；四十一年，平兩金川，略習番語；四十五年，因班禪來謁，兼習唐古特語。是以每歲年班，蒙古、回部、番部等到京接見，即以其語慰問，無藉通譯。」參《清高宗御製詩文集．御製詩五集》，卷35，〈上元鐙詞〉，頁35。

〔註9〕林士鉉，〈滿文文獻與《四庫全書》〉，收入《再造與衍義 2007 文獻學國際學術研討會論文集》(上)，頁81～119。

〔註10〕《四庫全書總目提要》第1冊，卷33，經部33，五經總義，頁872～873。

妙，實小學家所未有。故六書之形聲訓詁，皆可比類以通之。」說明滿文已臻完備，無論音義皆能通漢文，足以繙譯漢文典籍。然而最先繙譯《四書》的理由，在於「示初學之津梁」；「津梁」即橋梁，藉由《四書》的橋梁，才能通達《五經》，不能躐進。然而繙譯必須求諸原文，方法同樣是「研究微言，講求古義」，此中涉及考據，如何使譯文更加準確地表達原義，乾隆帝於〈御製繙譯四書序〉云：

> 朕於御極之初，命大學士鄂爾泰重加釐定，凡其文義之異同、意旨之淺深、語氣之輕重，稍有未協者，皆令更正之。然抑揚虛實之間，其別甚微，苟不能按節揣稱，求合於毫芒，而盡祛其疑似，於人心終有未慊然者。幾暇玩索，覆檢舊編，則文義、意旨、語氣之未能脗合者，仍不免焉。乃親指授繙譯諸臣，參考尋釋，單詞隻字，昭晰周到，無毫髮遺憾而後已。〔註11〕

當中所述方法：「覆檢舊編」、「參考尋釋」，乃爲求文義、意旨、語氣脗合原著。此實考據方法無疑，其後乾嘉考據學之興，是否與繙譯《四書》、《五經》等有關？

此外，繙譯《四書》、《五經》的功用，在「因經義以通國書」，或「因國書以通經義」。「國書」，即滿人對自己大清國所使用滿文的另一種稱呼，而「因經義以通國書」，即是透過瞭解經義來通曉滿文；「因國書以通經義」，則是藉由滿文來通達經義，明白古今道理。因此，作爲「初學津梁」之滿文譯本《四書》，實有研究之必要。然而《四書》家喻戶曉，常人亦覺無甚特殊，爲此《欽定四庫全書》總纂官紀昀（1724～1805）等曾詳述一番見解，於《日講四書解義》提要中言：

> 自朱子定著四書，由元明以至國朝，懸爲程式之令甲，家弦戶誦以爲習見無奇，實則內聖外王之道備於孔子。孔子之心法，寓於六經；六經之精要，括於《論語》，而曾子、子思、孟子遂衍其緒。故《論語》始於言學，終於堯、舜、湯之政，尊美屏惡之訓。《大學》始於格物致知，終於治國平天下。《中庸》始於中和位育，終於篤恭而天下平。《孟子》始於義利之辨，終於堯、舜以來之道統。聖賢立言大旨，灼然可見。蓋千古帝王之樞要，不僅經生章句

〔註11〕《欽定四庫全書》經部，《御製繙譯大學》〈御製繙譯四書序〉。

之業也。〔註 12〕

因此，家弦戶誦習見無奇的《四書》，實際上是蘊含了孔子的「內聖外王之道」，而孔子之心法，即在六經之精要《論語》。〔註 13〕孔子以下曾子、子思、孟子一脈相承，故曾子造〈大學〉，子思作〈中庸〉，孟子述己意，雖四書原本獨立，實則互相關連，其中脈絡，便是堯、舜以來的「道統」了。紀昀等人所言，實際承自朱熹，而將《四書》之體系，作一簡明扼要之敘述。

清代諸帝對於《四書》從最初之接觸、學習，到後來的熟稔、運用，並發展出一套治理中國的理論。此中諸多問題，值得進一步追溯。若言《四書》已有滿漢對照譯本，滿文繙譯如實反應漢文文義，探討滿文繙譯即無多大價值，但事實並非如此，站在滿人的角度，從其母語來理解譯本所傳達的訊息，究竟是否和漢人之認知與理解一致？以及滿人從中學習到什麼？改變了什麼？這便是要探討滿文繙譯及譯本存在之價值。因此，滿文譯本《四書》之研究價值，可分為以下幾點來說明：

（1）就文本內容而言，如果在繙譯的過程中，滿文與漢文的詮釋一致，完全對應，就沒有必要再理解滿文。從理論上而言無法成立，因為每個人所理解的不盡相同，總是有差異存在，雖是同一句話，不同的人會繙出不同的文句。實際上也是如此，唯有透過文本的比對，才會發現滿文在繙譯上的變化和特徵，進一步理解滿人是如何思維。

（2）就滿洲語文的保存而言，不同時期的譯本，提供了滿文的演進過程，由初創期、過渡期到成熟期的軌跡。如果不加以深入探究，僅依賴今人之《滿和辭典》、《滿漢大辭典》等取義，對於乾隆朝釐定清語以前的文義，便無法如實掌握。

（3）就滿文譯本《四書》的影響而言，康雍乾三朝奠定了清代文治武功的鼎盛時期，主要在於儒家思想發揮了甚大的作用，作為宋明理學代表之《四書》，透過繙譯成為滿族子弟的讀書教材，甚至考試取才的標準，逐漸深植滿人的思想文化之中，《四書》對於滿人之影響值得探究。

（4）就繙譯《四書》與考證學的關係而言，考證學作為清代學術之標誌，興起原因有不同的見解。先是梁啓超從「反滿」、「反宋明理學」之觀點出發，

〔註 12〕（清）紀昀等撰，〈日講四書解義提要〉，《欽定四庫全書》經部八，四書類，頁 4。

〔註 13〕《論語》原為孔子弟子及再傳弟子記述孔子及弟子言行之作，不在「經」之列，此處四庫館臣將《論語》視為經，並與五經合稱六經。

一時信服者眾多。此後余英時先生提出內外緣因素看法，耳目爲之一新，然而他並未注意到乾嘉以前已開始大規模譯書事業的影響，〔註 14〕殊不知在繙譯《四書》之歷程中，恰巧可以提出合理之解釋。

由上可知，滿文譯本《四書》對於滿人之影響不容輕忽，是一個值得研究之課題，實有深入探討之必要。

縱觀歷史，每當有非漢民族相與競逐在中原這塊地域上時，往往帶來文化、思想上不可預期之衝擊，拋開「漢化」與「非漢化」之議題不論，彼此之間往來文化上的交流，有如一顆璀璨珣麗的寶石，展現出千萬種一覽不盡的樣貌，我們往往依據它折色的光芒，捕捉支光片影，忽略了它自身同時擁有多種不同的面貌。也正因如此，倘能藉著不同語文文獻之放大鏡，便能探尋出另一種光彩。是故對於滿漢文化、思想上撞擊所展現之火花，是本文所深切關注的焦點。

第二節　研究回顧

關於滿文譯本《四書》之研究，最早討論者爲莊師吉發〈清高宗敕譯《四書》的探討〉〔註 15〕一文，之後有葉高樹教授、學者徐莉等相關研究文章，茲列表如下：

表 1-1　滿文譯本《四書》研究之相關著作

篇　名	作　者	期刊或書籍
〈清高宗敕譯《四書》的探討〉	莊吉發	《滿族文化》，第 9 期，1986 年 5 月。
〈滿文繙譯儒家典籍的探討〉	葉高樹	《輔仁歷史學報》，第 10 期，1999 年 6 月，頁 135～178。
〈滿漢合璧《欽定繙譯五經四書》的文化意涵：從「因國書以通經義」到「因經義以通國書」〉	葉高樹	《經學論叢》，第 13 輯，（臺北：臺灣學生書局，2006）
〈彙纂繙譯 用備觀覽：譯書事業與文化溝通〉	葉高樹	《清朝前期的文化政策》第 2 章（臺北：稻香出版社，2002），頁 53～99。

〔註 14〕參葉高樹，《清朝前期的文化政策》（臺北：稻香出版社，2002），頁 65～83。
〔註 15〕莊吉發，〈清高宗敕譯《四書》的探討〉，《滿族文化》，第 9 期，1986 年 5 月。

〈滿文《四書》修訂稿本及其價值〉	徐莉	《滿語研究》，2008 年第 1 期（總第 46 期），頁 64～67。
〈乾隆朝欽定四書五經滿文重譯稿本研究〉	徐莉	《民族翻譯》，2010 年第 1 期（總第 74 期），頁 63～71。
〈清代滿文四書版本研究〉	徐莉	《民族翻譯》，2015 年第 4 期（總第 97 期），頁 65～71。
《『大學』・『中庸』本文の滿州語訳の変遷》	文献資料研究部門数学班、渡辺，純成	東京：文部科学省科学研究費補助金特定領域研究（平成 17 年度発足）「東アジアの海域交流と日本伝統文化の形成：寧波を焦点とする学際的創生，滿洲語思想・科学文献研究資料」，2009。

資料來源：《滿族文化》、《輔仁歷史學報》、《經學論叢》、《清朝前期的文化政策》、《滿語研究》、《民族翻譯》等。

〈清高宗敕譯《四書》的探討〉一文撰述旨趣，即在利用康熙朝滿文本《起居注冊》、《清文日講四書解義》，與乾隆朝《御製繙譯四書》進行比較，探討其中異同，瞭解清初滿文的發展。就改譯本滿文差異的部分，已詳細歸納出幾項重點：（1）連寫習慣不同。（2）避諱敏感字眼。（3）釐正音譯改爲意譯。（4）使用的詞彙更接近原文，表達含義更爲清楚。（5）改動句型、語法之結構；比較出康熙年間的滿文繙譯，語法較接近漢文，即主詞之後先接直接受詞，再接間接受詞。而乾隆年間改譯的滿文，在主詞之後先接間接受詞，再接直接受詞。此五項要點實前人所未發，深具啓示；是故本文之研究撰述，即是在此基礎上，繼續往下延伸，發展出滿漢文化的交流、影響，以及清帝思想的探討。

此外，葉高樹教授之〈滿文繙譯儒家典籍的探討〉，〔註 16〕將滿文繙譯儒家典籍的起因、目的、成效等，提出了獨到的見解，誠如所言：「繙譯是不同的文化需要進行溝通時，重要的交流管道，以滿文繙譯的漢文書籍，即是扮演著文化溝通的角色。」他認爲滿文繙譯漢文書籍的起因有兩點，一是官方爲了瞭解漢人文化，二是防止八旗子弟因習漢書而入漢俗。而繙譯的目的，除了發展學術與推動滿文教育之外，更有以儒家所倡導的道德規範與忠

〔註 16〕葉高樹，〈滿文繙譯儒家典籍的探討〉，《輔仁歷史學報》，第 10 期，1999 年 6 月，頁 135～178。

君思想，來教化八旗子弟。其成效對滿族而言，在開拓知識、端正風俗；不僅能保持民族文化的特質，也可以化解滿漢文化的隔閡，所言極爲中肯。

〈滿漢合璧《欽定繙譯五經四書》的文化意涵：從「因國書以通經義」到「因經義以通國書」〉，〔註 17〕闡述了滿文繙譯漢文典籍爲瞭解漢文化之重要途徑，但順治帝不欲宗室子弟讀漢書沾染漢習，乃確立「因國書以通經義」的原則，到了乾隆二十年（1755）以後，才進入了「因經義以通國書」階段，此時八旗子弟滿文已衰退，不得不藉「經義」來通國書。此見解將《四庫全書總目提要》所云：「學者守是一編，或因經義以通國書，而同文之聖化，被於四方；或因國書以通經義，而明道之遺編，彰於萬世。其有裨於文教，均爲至大。」進一步發揮，置入時間之縱軸，從歷史脈絡來詮釋滿漢合璧《欽定繙譯五經四書》的文化意涵，是發前人所未發。

學者徐莉之〈滿文《四書》修訂稿本及其價值〉、〔註 18〕〈乾隆朝欽定四書五經滿文重譯稿本研究〉〔註 19〕二篇，提供了第一歷史檔案館現藏乾隆朝重譯四書五經稿本的珍貴訊息，由於一史館正值封館期間，故僅能利用其文章所提資料加以比對。一史館所藏重譯《四書》稿本爲滿漢合璧本，共 41 件，其中含滿漢合璧〈御製繙譯四書序〉一件。稿本每頁滿漢文共六行（滿漢文各三行），頁面 27.9×12.7 公分，滿文譯文多見修改痕跡，上貼有紅色或黃色浮簽，浮簽上書繙譯大臣所擬修改字詞及見解，最後再由皇帝裁示。此二文所舉例子雖然不多，卻有重要之啓發。該文對於乾隆朝重譯《四書》、《五經》稿本歸納出六點：（1）改寫滿文的拼寫方式，將一些原本分寫之詞改爲連寫。（2）意譯詞代替音譯詞，以欽定新清語代替原有清語。（3）區分詞義，選取恰當用詞，使表達更準確。（4）添加解釋性詞語，使文意更清晰。（5）根據文義擬造新詞。（6）調整語氣、語序，使語流連續。此六點分析條理清楚，然而透過該文所舉有關《四書》諸例，尚有其他值得注意之訊息，以下列表，以便清楚呈現。

〔註 17〕葉高樹，〈滿漢合璧《欽定繙譯五經四書》的文化意涵：從「因國書以通經義」到「因經義以通國書」〉，《經學論叢》第 13 輯（臺北：臺灣學生書局，2006），頁 1～42。

〔註 18〕徐莉，〈滿文《四書》修訂稿本及其價值〉，《滿語研究》，2008 年第 1 期（總第 46 期），頁 64～67。

〔註 19〕徐莉，〈乾隆朝欽定四書五經滿文重譯稿本研究〉，《民族翻譯》，2010 年第 1 期（總第 74 期），頁 63～71。

表 1-2　第一歷史檔案館藏「重譯四書稿本」議改例子

	一史館藏乾隆朝四書稿本	天頭黃簽
《大學・第一分》	dai hiyo（擬改 amba tacin i bithe） 大學	程子謂大學爲初學入德之門，朱注云：「大」舊音「泰」，今讀如字。又云：大學者，大人之學也。此大學不指國學而言。今照字義擬改 amba tacin。至於《小學》一書，似亦應改作 ajige tacin i bithe。
《大學・第一分》	toktoho（朱改 tokton ombi） manggi, teni teng seme（《鴻稱通用》cibsen） ome. 定而後能靜	《鴻稱通用》「靜」作 cibsen，今照改。
《大學・第一分》	nenden amaha be saha de doro de hanci ombi（朱改 oho kai） 知所先後 則近道矣	
《大學・第一分》	julgei genggiyen erdemu be abkai fejergi de genggiyeleki serengge, neneme gurun be dasambi 古之欲明明德于天下者 先治其國 gurun be dasaki serengge, neneme boo be teksilembi, 欲治其國者 先齊其家 boo be teksileki serengge, neneme beyebe dasambi（擬改 tuwancihiyambi） 欲齊其家者 先修其身 beyebe dasaki（擬改 tuwancihiyaki） serengge, neneme mujilen be tob 欲修其身者 先正其心	「治」作 dasambi，「修」作 dasambi，似無分別。查《古文淵鑒》內有「修治」連用者，將「修」字繙作 dasambi，「治」字繙作 tuwancihiyambi。又，查《清文鑑》ehe be sain obume halara be dasambi sembi, calabuha dašarabuha baita be inu obume dasara be tuwancihiyambi sembi, 是 tuwancihiyambi，清語與「修」字語意相符。今遵照《清文鑑》擬將「修」字改作 tuwancihiyambi。
《大學・第一分》	gunin be unenggi obuki serengge, neneme sara（朱改 sarasu） be akūmbumbi（欽定四書 de isibumbi） 欲誠其意者 先致其知 sara（朱改 sarasu） be akūmburengge（欽定四書 de isiburengge） jaka be hafure de bi. 致知在格物 jaka be hafuka manggi, same（擬改 sarangga 簽上朱改 sarasu）【isinambi】 物格而後知至	「知至」二字與「意誠」、「心正」、「身修」等字俱係功效，作 same isinambi。與「意誠」等功效句法似不合。今擬畫一改 sarangga isinambi。

《大學・第一分》	tuttu ofi, ambasa saisa ten be baitarakū ba（擬改 baitalarakūngge） akū. 是故君子無所不用其極	baitarakū ba akū 語似贅，今擬改 baitalarakūngge akū。
《大學・第二分》	ši ging（欽定成語 irgebun i nomun） de henduhengge, eldengge ambalinggū（《鴻稱通用》umesi cibsonggo） wen wang 詩云 穆穆文王	《鴻稱通用》「穆」作 cibsonggo，查《中庸》內「肫肫」、「淵淵」、「浩浩」等，一字而疊用者，俱用 umesi 字樣，今擬 cibsonggo 上加一 umesi 字樣。
《大學・第二分》	gingguji bime olhoba eldengge（擬改 fing sembime hing sembi, fir sembime） 瑟兮僩兮 赫兮喧兮	「瑟兮僩兮赫兮喧兮」，四「兮」字似形容語氣，且「瑟」、「僩」作 gingguji olhoba，而「恂慄」有作 gingguji olhošoho，字面亦似重複。今照形容語氣，擬將「瑟兮僩兮」作 fing sembime hing sembi，「赫兮喧兮」作 fir sembime hoo sembi。似與下文「恂慄威儀」字面相照應。
《大學・第【二】分》	ginggulehe eldengge bime ambalinggū（擬改 fir sembime hoo sembi） serengge, horon（擬改 arbungga） durun be. 赫兮喧兮者 威儀也	《中庸》內「威儀三千」之「威儀」作 arbungga durun。 今此「威儀」擬畫一照改。
《大學・第二分》	teni niyalma de baimbi（擬改 be hacihiyambi）beye de akū oho. 求諸人 無諸己	「求」作 baimbi，恐人認作「央求」字解，擬改 hacihiyambi。
《大學・第二分》	manggi, teni niyalma be wakalambi（擬改 wakašambi） 而後非諸人	「非」作 wakalambi，恐人認作「糾參」字解，擬改 wakašambi。
《中庸・第二分》	ainci terei jobošohongge šumin ofi, tuttu gisurehengge goicuka（簽一：擬改 lakoho，朱筆劃掉，左朱筆：akūnaha）（簽二，蓋住前簽和朱改：奉旨重改 denggicuke） 蓋其憂之也深 故其言之也切	
《中庸・第二分》	gūnihangge goro ofi, tuttu leolehengge yongkiyaha（簽一：擬改 akūnaha 朱筆圈劃，左朱筆：ketuken）（簽二：奉旨重改 akūnaha） 其慮之也遠 故其說之也詳	
《論語・第三分》	tai miyoo（欽定成語 taimiyoo） 大廟	

《論語》	kungdzi（欽定成語 fudzi） lu（+）（擬添 gurun） i taiši（擬改 aliha kumusi） de kumun be alame hendume. 子語魯太師樂曰	太師係掌樂之官。今擬作 aliha kumusi。
《論語》	i（擬添 ba） i fung žin（擬改 jasei hafan） acaki seme 儀封人請見	封人係掌封疆之官。今擬作 jasei hafan。
《上論語・第十分・鄉黨・第十》	tafukū wajiha manggi, 沒階 gardarangge ashai adali（擬改 gese） 趨進（擬去）翼如也	謹查，注云：「沒階趨」之「趨」字下本無「進」字，俗本有之，誤。再查《欽定四書》、《日講四書》清文，俱照注去「進」字爲繙，合併奏明。
《下論語・第六分・季氏・第十六》	kungdzi hendume nonggiburengge（朱改 nonggibure） ilan buyen（buyen ilan） ekiyenderengge（朱改 ekiyendere） ilan buyen（buyen ilan） 孔子曰 益者三友 損者三樂	
《下論語・第十一分》	kungdzi（欽定四書 fudzi） hendume, erdemu（擬改 erdemungge） erdemu akū seme. 子曰才不才 inu gemu（簽一在下：欽定四書 meni meni）（簽二在上：擬改 meimeni） jui sembi. 亦各言其子也	

資料來源：徐莉，〈乾隆朝欽定四書五經滿文重譯稿本研究〉，《民族翻譯》2010 年第 1 期（總第 74 期）

由以上資料顯示，貼在天頭之黃簽提供了許多重要訊息，黃簽中說明修改的理由以及如何修改，除了文章中所言六點之外，尙有兩點值得注意：

（1）重譯《四書》稿本在解釋字詞意義時，參考了朱熹《四書章句集注》原書之注解，並加以發揮。如《大學・第一分》天頭黃簽：

> 程子謂大學爲初學入德之門，朱注云：「大」舊音「泰」，今讀如字。又云：大學者，大人之學也。此大學不指國學而言。今照字義擬改 amba tacin。至於《小學》一書，似亦應改作 ajige tacin i bithe。

又如《上論語・第十分・鄉黨・第十》天頭黃簽：

謹查，注云：「沒階趨」之「趨」字下本無「進」字，俗本有之，誤。再查《欽定四書》、《日講四書》清文，俱照注去「進」字爲繙，合併奏明。

其中，「程子謂大學爲初學入德之門，朱注云：『大』舊音『泰』，今讀如字。又云：大學者，大人之學也。」以及「注云：『沒階趨』之『趨』字下本無『進』字，俗本有之，誤。」皆出自《四書章句集注》注解。

（2）重譯《四書》與已繙譯之書互相參酌、畫一繙法。如《大學・第一分》「定而後能靜」之天頭黃簽：

《鴻稱通用》「靜」作 cibsen，今照改。

又，《大學・第二分》「赫兮喧兮者，威儀也。」天頭黃簽：

《中庸》內「威儀三千」之「威儀」作 arbungga durun。今此「威儀」，擬畫一照改。

由列表中可知，重譯稿本參考了《鴻稱通用》、《古文淵鑒》、《清文鑑》、《欽定四書》、《日講四書》之清文，也與《四書》、《五經》中已繙譯者互相參酌。因此，乾隆朝重譯《四書》之重點，置於辨正、釐定滿文字義，畫一繙法，而非詮釋思想，展現出一種考證、釐正文義的工夫，這是值得注意之處。

此外，作者新近發表之〈清代滿文四書版本研究〉一文，詳細介紹了目前大陸地區所存滿文繙譯《四書》之版本及典藏地，爲研究者帶來許多便利。

日本文献資料研究部門数学班、渡辺純成所作《『大學』・『中庸』本文の満州語訳の変遷》，將繙譯《大學》、《中庸》不同時期之文本《滿文大學衍義》（dai hiyo i jurgan be badarambuha bithe，康熙十一年刊）、《滿文日講四書解義》（inenggidari giyangnaha sy šu i jurgan be suhe bithe，康熙十六年刊）、乾隆六年序《滿文四書》（manju hergen i sy šu bithe）、《繙譯四書》（han i araha ubaliyambuha duin bithe，乾隆二十年序）轉寫羅馬拼音，依句同時並列呈現，爲研究不同時期滿文繙譯之用詞、句型提供了最佳參考材料。

以上諸篇各有所擅，已奠定相當重要之研究基礎，然而迄今爲止，仍未有一完整專著問世。因此，實有必要繼續深入研究，將滿文譯本《四書》作一全面性之探討，期望在這些成果的指引下，對於此議題，能有所突破及發明。如果本文有些許斬獲，皆要歸功於前輩們所奠下之研究基礎及啓發。

第三節　研究方法與撰作重點

一、研究環境

由於歷史因素，北京故宮部分文物大舉遷移，一些善本書籍也輾轉來到臺灣，但滿文典籍數量不多，相較於大陸地區的滿文譯本《四書》收藏甚爲豐富，擁有諸多版本，且一史館藏有乾隆帝御批之重譯《四書》原稿，臺灣地區僅國立故博物院藏有滿文本《四書》六卷、《日講四書解義》二十六卷、《御製繙譯四書》六卷、《四書講章》二十七冊，皆屬刻本，雖爲不足，仍是可以運用。然而最大之難處在於滿文原文影像難以取得，影印有所限制，一日僅能調閱原件六小時，幾乎所有的滿文須先抄出，或爲講求時效轉寫成羅馬拼音，才能加以利用。如此甚爲耗時，有時爲一字之疑惑，便須舟車勞頓往返故宮調閱原件再加確認。因此，在撰述論文前段時間，幾乎在處理文本轉寫、比對。而最初自康熙朝滿文本《起居注冊》中摘錄及統計日講《四書》之章名、講者、講地、時間等列表，已重做過無數次，再以此爲基礎做出《論語》章名康熙、乾隆二朝滿文對照表，使得新舊滿文之異同能清楚呈現。

雖自身工作地點在中研院內，周遭有傅斯年、郭廷以等圖書館，但各館古籍善本收藏中並無滿文譯本《四書》及相關之典藏，傅斯年圖書館僅尋得一本民國五十七年（1968）中國邊疆歷史語文學會翻印之乾隆二十年（1755）三槐堂版《繙譯四書》，比起影印《四庫全書》中之《御製繙譯四書》錯誤率要高，漏點改畫之處不少，須詳加校對後才能使用，因此只得捨近求遠。

較爲便利者爲各圖書館收藏之期刊，大致保存完整，檢索早期文章，有時能順利尋獲。而中研院內各所時常舉行學術講論會，與滿文《四書》有關之議題極爲罕見，期待未來能看到以滿文爲主之經典或文學研究討論發表會。

總之，雖處於研究氛圍熾盛的環境之中，的確能喚起研究之興趣，激勵突破之勇氣。比較令人難以理解的是原始資料嚴重不足，必須藉由網路或其他方式，設法取得臺灣地區以外之相關數位化影像或資料，以彌補先天不足之遺憾。而數位化影像之缺點，在於製作者本身並非研究者，所關注之焦點不同，許多細節不經意漏失，譬如原件上背面或夾縫有註記文字或符號，從影像中往往看不到，必須翻閱原件才會發現。而有些數位化影像行文次序錯置之疑惑，也必須比對原件才能確認。然而典藏地往往距離千里之遙，不免徒呼負負，聖哲孟子早在兩千年前就已提醒：「盡信《書》，則不如無《書》。」〔註20〕看來在今日仍是適用的。

二、研究方法與撰作重點

由於「新清史」議題之啓發，使筆者對於清代文化、思想研究興起另一種觀點，若是站在滿人的角度，應如何看待中原文化？透過不同觀點之整合，必然能夠對同樣的問題，產生更周全的看法。除了相關歷史背景的探討，有助於釐清余英時先生所言之「外緣因素」，但並不能順利進入思想層面的了解，須藉由直接分析滿文繙譯儒家典籍之文本，始可清晰呈現，是故不同時期的文獻比對分析，是本篇論文運用之重點方法。清代推行「崇儒重道」政策，使得《四書》立於舉足輕重之地位，然而最初繙譯《四書》之動機，與乾隆朝重加釐定繙譯之目的有所不同，牽涉層面廣泛，問題複雜，非單單純粹從漢文繙譯成滿文而已，須逐步加以釐清。

立論之先，期望以客觀立場來反省不同民族之間思想、文化的交流，非以漢族爲核心之「漢化」思想來思考論述，藉此展開更多元的觀點，發掘前人所未見之問題。在章節安排上，有一定之思維脈絡，首先論述滿文之創製與沿革。其次，從滿人的角度出發，作爲統治中國的皇帝，應如何了解漢族文化？經筵日講即是最重要的傳遞橋樑，此制度實施後，始有《日講四書解義》滿漢文本成書，繼而乾隆朝繙譯滿漢合璧本《御製繙譯四書》，將之納入《欽定四庫全書》中。對於滿人而言，其意義爲何？在滿漢文化交流上帶來什麼改變？章節安排上，第一章緒論將解釋題旨、撰述動機、研究文獻回顧、研究方法作一概要性之論述。第二章正式進入本文，以滿文之創製沿革、官方提倡政策爲開端。第三章探討清朝經筵日講，從此制度衍伸出諸帝掌握儒家思想治理中國的方法，《四書》之「道統」成了合理的綱條，《大學》便是「道統」主要之闡發依據。第四章討論乾隆朝滿文之變革，欽定新清語帶來重大之影響，也決定了重新繙譯《四書》，形成前後期滿文譯本表達上之差異。第五章進入《大學》、《中庸》文本之探討，以具有代表性之康熙朝與乾隆朝滿文譯本互相對照，從中探討不同譯文詮釋上的差異變化。第六章爲《論語》、《孟子》文本之探討，研究方法與前章大致相同，並詳細列表比較加以論述。第七章討論《四書》對於滿人的啓發爲何，從道統即治統、夷狄

〔註20〕《孟子》〈盡心下〉。

之辯、忠孝仁義信五德目三點加以分析。第八章總結全文，反省滿文譯本《四書》之價值，從滿文譯本《四書》在清代語言學上的意義、學術思想上的意義、歷史文化上的意義三點分析闡述，說明探討滿文譯本《四書》甚有意義，除了有助於了解清代思想、文化各層面之外，甚至可爲中國歷史上其他朝代不同語文文獻對於當代影響之借鏡。

本書各章節及附錄之滿文須轉寫羅馬拼音符號時，皆採用較爲普及的穆麟德（Möllendorff）系統。

第二章　滿文譯本《四書》與崇儒重道政策

第一節　滿文創製與清朝國語

一、滿文創製與沿革

滿人爲女眞後裔，隨著金政權瓦解，女眞文字遂漸棄置不用。明神宗萬曆四十四年（1616），建州女眞族領袖努爾哈齊統一諸部，於赫圖阿拉（今遼寧新賓）建立了後金政權，是爲後金天命元年。天聰十年（1636），即明崇禎八年，皇太極廢除「諸申」之稱，改族名「滿洲」（manju），稱皇帝，定國號「大清」，改元「崇德」。滿洲最初借用蒙古文字行事記錄，因而形成口說滿語卻手書蒙古文字的特殊現象。由於語言、文字無法一致，便產生許多問題，努爾哈齊警覺到這種不便，因而決心創製屬於滿人自己的文字。關於此段歷史記載，除了乾隆年間編纂之《清實錄》或《滿洲實錄》外，較早尚見於史語所藏內閣大庫檔案，其中有三本相關之冊檔，一爲《太祖聖訓草底》，內容記載如下：

> 己亥年正月，時滿洲未有文字，文移往來，必須習蒙古書、譯蒙古語通之。二月，太祖欲以蒙古字編成國語，榜識厄兒得溺、剛蓋對曰：臣等習蒙古字，始知蒙古語，若以我國編創譯書，臣等實不能。太祖曰：漢人念漢字，學與不學者皆知，蒙古之人念蒙古字，學與不學者亦皆知，我國之言寫蒙古之字，則不習蒙古語者不能知矣。何汝等以本國言語編字爲難，以習他國之言爲易耶？剛蓋、厄兒得溺對曰：以我國之言編成文字最善，但因翻編成句，臣

等不能，故難耳。太祖曰：寫阿字下合一媽字，非阿媽乎？阿媽，父也。厄字下合一脉字，非厄脉乎？厄脉，母也。吾意決矣，尔等試寫可也。於是自將蒙古字編成國語頒行。創制滿洲文字，自太祖始。〔註 1〕

此段與臺北故宮博物院所藏崇德元年（1636）十一月初纂本《大清太祖武皇帝實錄》對照，差異如下：

圖 2-1　《大清太祖武皇帝實錄》關於滿文創製

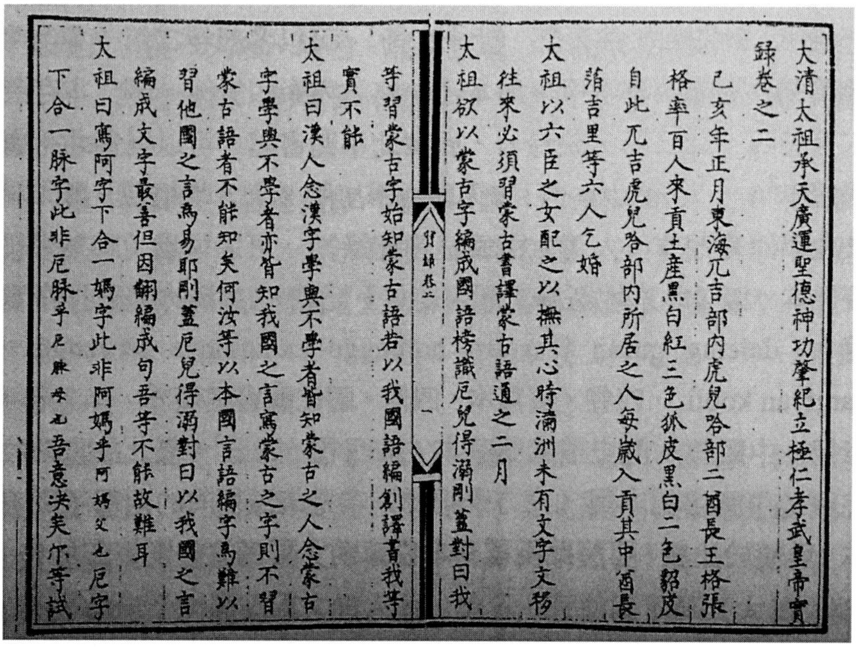

大清太祖承天廣運聖德神功肇紀立極仁孝武皇帝實錄卷之二
乙亥年正月東海兀吉部内虎兒哈部二酋長王格張格率百人來貢土產黑白紅三色狐皮黑白二色貂皮自此兀吉虎兒哈部内所居之人每歲入貢其中酋長剳吉里等六人乞婚
太祖以六臣之女配之以撫其心時滿洲未有文字文移往來必須習蒙古書譯蒙古語通之二月
太祖欲以蒙古字編成國語榜識厄兒得溺剛蓋對曰我等習蒙古字始知蒙古語若以我國語編創譯書我等實不能
太祖曰漢人念漢字學與不學者皆知蒙古之人念蒙古字學與不學者亦皆知我國之言寫蒙古之字則不習蒙古語者不能知矣何汝等以本國言語編字為難以習他國之言為易耶剛蓋厄兒得溺對曰以我國之言編成文字最善但因翻編成句吾等不能故難耳
太祖曰寫阿字下合一媽字此非阿媽乎阿媽父也厄字下合一脉字此非厄脉乎厄脉母也吾意決矣尔等試

資料來源：臺北故宮博物院藏《大清太祖武皇帝實錄》漢文本，卷二。

表 2-1　《太祖聖訓草底》與《大清太祖武皇帝實錄》比較

《太祖聖訓草底》	《大清太祖武皇帝實錄》
臣等習蒙古字，始知蒙古語，	我等習蒙古字，始知蒙古語，
若以我國編創譯書，	若以我國語編創譯書，
臣等實不能。	我等實不能。
但因翻編成句，臣等不能，故難耳。	但因翻編成句，吾等不能，故難耳。

資料來源：史語所藏內閣大庫檔案、臺北國立故宮博物院。

〔註 1〕《史語所藏內閣大庫檔案》，166959-001。

由上可知，《太祖聖訓草底》與崇德元年初纂本《大清太祖武皇帝實錄》僅數字之差，大意相同；其中「榜識」、「厄兒得溺」、「剛蓋」等音譯漢字一致，與康熙朝所譯「榜式」、「額爾德尼」、「噶蓋」明顯有別（詳下），到了乾隆朝又將「榜式」音譯定爲「巴克什」，而「額爾德尼」、「噶蓋」譯法不變。故《太祖聖訓草底》可能是依據崇德元年初纂本《大清太祖武皇帝實錄》進行編寫。而史語所藏內閣大庫檔案中，另有康熙年間編纂之《太祖高皇帝實錄》稿本二種，可以看出此段文字記錄逐次修改的過程。登錄號：166962-001，本面「起辛卯訖己亥」冊中所見如下：

圖 2-2　《太祖高皇帝實錄》稿本，登錄號 166962-001

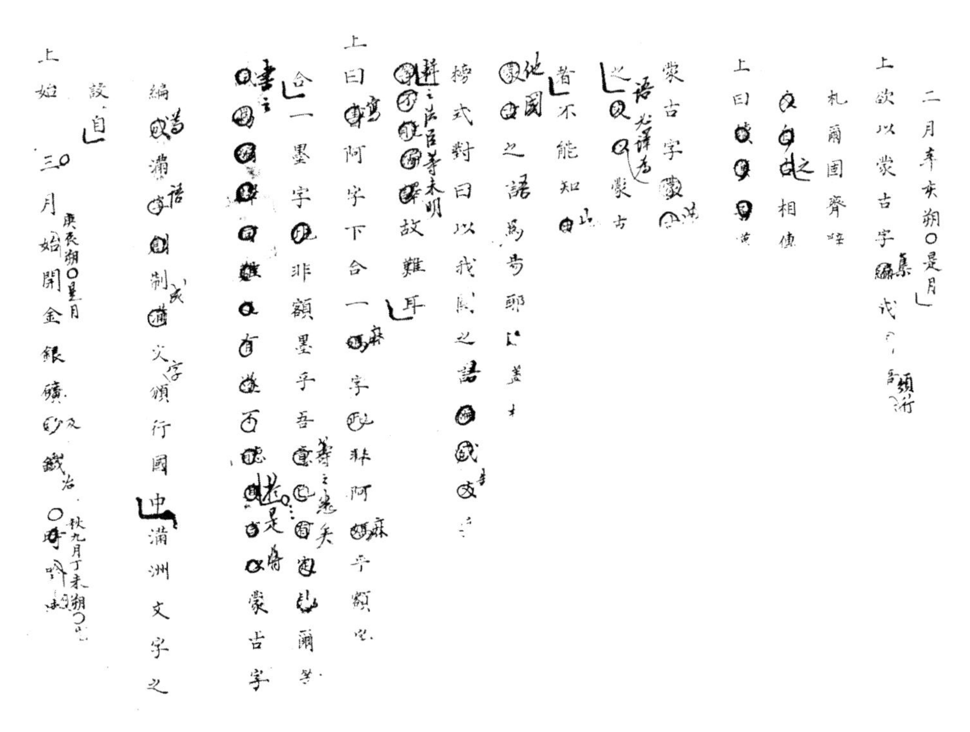
二月辛亥朔○是月
上欲以蒙古字編成國語頒行
札爾固齊
相傳
上曰
蒙古字
語　蒙古
者不能知
他國之語為
榜式對曰以我國之語
故難耳
上曰　阿字下合一　字
合一墨字非額墨乎吾
蒙古字
編　滿語　制　文字頒行國中　滿洲文字之
設　自
上始　三○月　庚辰朔○是月　始開金銀礦及鐵冶　○　秋九月丁未朔○

此段雖下半殘闕，仍可窺其大略。而登錄號：166963-001，本面「起己亥訖辛亥」之《太祖高皇帝實錄》稿本，顯係依據上面稿本謄寫修正後再次修改。

圖 2-3　《太祖高皇帝實錄》稿本，登錄號 166963-001

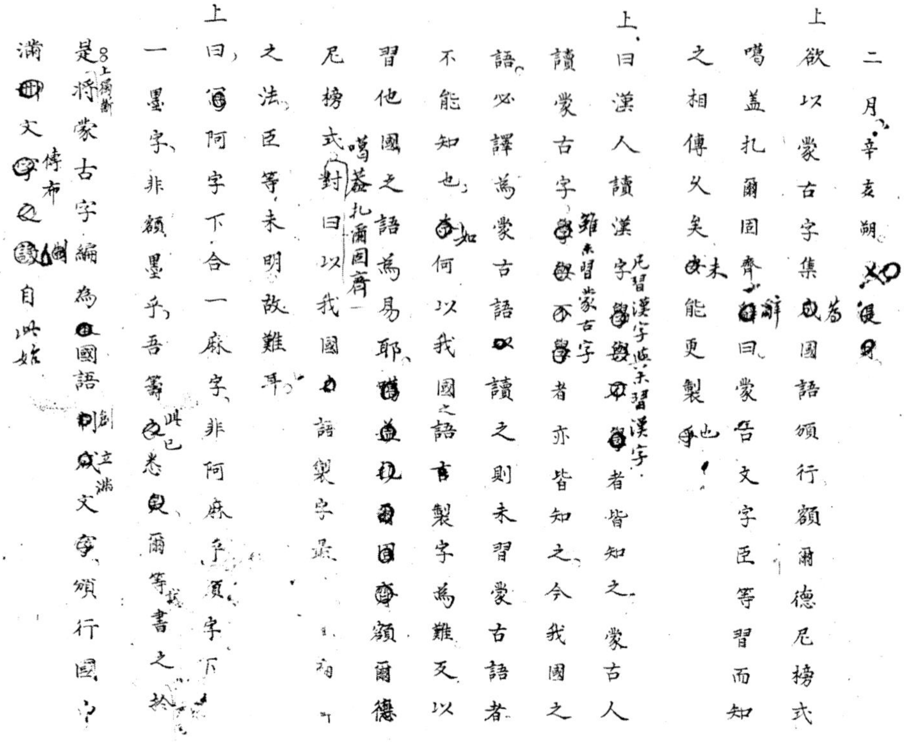

二月辛亥朔
上欲以蒙古字為國語頒行額爾德尼榜式
噶蓋扎爾固齊辭曰蒙古文字臣等習而知
之相傳久矣未能更製也
上曰漢人讀漢字凡習漢字與未習漢字者皆知之蒙古人
讀蒙古字雖未習蒙古字者亦皆知之今我國之
語必譯為蒙古語讀之則未習蒙古語者
不能知也如何以我國之語製字為難又以
習他國之語為易耶噶蓋扎爾固齊額爾德
尼榜式噶蓋扎爾固齊對曰以我國語製字最
之法臣等未明故難耳
上曰寫阿字下合一麻字非阿麻乎額字下
一墨字非額墨乎吾籌此已悉爾等試書之於
是上獨斷將蒙古字編為國語創立滿文字頒行國中
滿洲文字傳布自此始

此二稿改動較大之處爲，將兩句「學與不學」，換成「凡習漢字與未習漢字」、「雖未習蒙古字」，榜式噶蓋又添入「札爾固齊」（jargūci，源出蒙古語，意爲「斷事官」）。若以乾隆朝定本《清實錄》及四庫所收《太祖高皇帝聖訓》相互比較，可以看出大致沿襲此二稿本，反而是乾隆年間編纂的《滿洲實錄》，保留了「學與不學」原文，與《大清太祖武皇帝實錄》一致。

此外，史語所藏二稿本與羅振玉《太祖高皇帝實錄稾本三種》〔註 2〕所錄不同，經文字比對，可知彼此有密切之關係。當初羅氏購得八千麻袋，卻未見檔案中另有二稿，之後轉售史語所收藏。〔註 3〕此二稿恰巧是甲本至丙本之間的修改歷程，《太祖高皇帝實錄稾本三種》甲本修改後，經史語所藏

〔註 2〕羅振玉，《太祖高皇帝實錄稾本三種》（臺北：台聯國風出版社，1969），頁 54～55；258～260。

〔註 3〕李慧敏，〈史語所藏內閣大庫緣起〉，《檔案季刊》第 8 卷第 2 期，2009 年 6 月，頁 46～55。

稿本登錄號：166962-001 謄寫、修改，接著由登錄號：166963-001 稿本謄寫、修改，繼之再經羅氏丙本謄寫、修改。如此一來，藉著滿洲創立文字此段史料記載，解決了羅氏所收稿本與史語所典藏稿本彼此間接續的關係。

此段文字記載，經歷了不斷斟字酌句地修改，無非是要使文義更加合理通順，詳述滿文的創製緣由。不過，細究當中對話，其實太祖努爾哈齊並沒有針對額爾德尼、噶蓋所提出的滿文如何成句問題來回答，所舉之例：寫阿字下合一媽字，非阿媽乎？厄字下合一脉字，非厄脉乎？阿媽即父，厄脉即母。二者只算是成詞而已。但最重要的意義是努爾哈齊所展現的決心和意志，迫使二人不得不順從而行，滿文才得以創製，頒行國中。

初創之滿文無圈點，也稱老滿文，大體襲自蒙文，由於字形音義上存在著許多容易混淆的缺點，天聰六年（1632）三月，皇太極又命巴克什達海〔註 4〕加以改進，在滿文上加圈點，使音義分明。《清實錄》記載皇太極上諭云：

> 國書十二字頭向無圈點，上下字雷同無別，幼學習之，遇書中尋常語言，視其文義，易於通曉。若至人名、地名，必致錯誤。爾可酌加圈點，以分析之，則音義明顯，於字學更有裨益矣。〔註 5〕

改進後的滿文稱爲新滿文，一直沿用至清末。然而老滿文與新滿文之間的差別，並非僅止於有無圈點而已，在字形與字母讀音方面，也有顯著的差異。如新滿文詞尾「fi」，老滿文寫作「bi」；新滿文字頭「we」，老滿文讀如「uwe」；新滿文「akū」（無），老滿文讀如「ako」。〔註 6〕

順治朝以前，由於滿人與漢人時常互市往來，因而受到影響，一些辭彙來自漢語音譯，如：「lingse」是「綾子」，「lo」是「羅」，「ceose」是「綢子」，「cūn ša」是「春紗」，「poose」是「袍子」，「puse」是「補子」（補服），「boose」是「包子」，「šobin」是「燒餅」等。入關以後音譯字倍增，由於這些是滿語中所缺乏者，一時找不到可對譯之字詞，故以音譯代之。以飲食方面爲例，「defu」是「豆腐」，「eo」是「藕」，「jyma」是「芝麻」，「ši ioi」是「鰣魚」，

〔註 4〕《清稗類鈔》文學類・滿文・段 7652。達海，姓覺爾察，九歲通滿、漢文義，弱冠草太祖詔令，奉命翻譯《大明會典》及《素書》與《三略》，太祖稱善。天聰壬申病卒，諡文成。後祭酒阿理瑚請從祀兩廡，韓文懿公菼曰：「海造國書，一藝耳，未合從祀之例。」事遂止。

〔註 5〕《清實錄・太宗文皇帝實錄》，卷 11，天聰六年三月初一日。

〔註 6〕莊吉發，〈《滿文原檔》・《內閣藏本滿文老檔》與清朝前史的研究〉，收入《清史論集》第 23 輯（臺北：文史哲出版社，2013），頁 22～37。

「lomi」是「老米」,「jiyang」是「醬」,「ts'u」是「醋」,「hūwajioo」是「花椒」,「hūi hiyang」是「茴香」,「cai」是「茶」,「šilio」是「石榴」,「g'anze」是「甘蔗」,「gioi dze」是「橘子」,「iose」是「柚子」,「pinggu」是「蘋果」等,〔註7〕可知滿人的語彙在日常生活文化結構方面逐漸發生改變。

康熙朝時,開始注意到滿漢文之間對譯關係,由於康熙帝自幼學習儒家典籍,能通曉滿漢文,親政後持續繙譯編纂諸書,從內府刻書檔案中即可得知。康熙五十一年(1712)五月初六日,和素、常鐸奏摺中提及與康熙帝討論繙譯之事。

> 本月初三日所奏《性理奧》,初五日至。奉旨:「纂」字原舊書內如何寫的?看漢書,把各書、文章彙集一處稱「纂」,滿語是banjibuhangge之意,即如丁進所繕所編者,查後具奏。欽此欽遵。查得,所譯之《方略》內,將「纂修」滿文說成是「核對滿漢文」之意,奴才並未核對,即譯成banjibuhangge,信口胡言。奉旨:把各書、文章彙集一處稱「纂」,滿語是banjibuhangge之意,即如丁進所繕所編者。欽此。聖主之旨甚是,故奴才等議覆,若將此改爲「丁進彙編」,可否之處,祈聖主裁定。再,奉旨:將「顛樸」譯作maktaha、fahaha,並無依據之處,查竣具奏。欽此欽遵。于舊書內查 maktaha、fahaha之語,並未查到「幫」,奴才即譯作maktaha、fahaha,並無依據之處,且亦未奏請聖旨指示,即自以爲是翻譯,實屬苟簡。奉旨:「截」這個字,理應譯成faksalara之意,然爾等兩次譯成meitere、lashalara,此係何意?朕不解,應查舊書。爾二人各將本意繕明具奏。欽此欽遵。奴才等將「截」字解爲「裁作兩節」,或「斷作兩節」之意,因無適當之詞,故寫成meitere、lashalara具奏,因御批訓改成faksalara,奴才恭聞主子聖訓,似已得了救命草,豁然開朗,不勝歎忭。奴才等今meitere、lashalara之語改正觀之,原譯甚屬胡謅,爲此謹奏。
>
> 硃批:和素,爾言「得了救命草」之語甚討厭,現爲何又用?〔註8〕

由此奏摺可知,繙譯的過程是先求漢字原義,再尋找相對應之滿文,必須有

〔註7〕黃新亮,《從滿語中的漢語借詞看滿族文化變遷》(黑龍江大學碩士學位論文,2008)

〔註8〕翁連溪,《清內府刻書檔案史料彙編》(北京:廣陵書社,2007),頁19。

所依據，找查漢書古籍，而非「信口胡謅」。

雍正朝益加重視滿漢文對譯之規範，如佐領名號，每一名號皆有二字，上一字共八個，按八旗給予，如：正黃旗用「合」，滿文作「uhe」；鑲黃旗用「保」，滿文作「enteheme」；正白旗用「泰」，滿文作「amba」；鑲白旗用「萬」，滿文作「tumen」；正紅旗用「和」，滿文作「hūwaliyaka」；鑲紅旗用「國」，滿文作「gurun」；正藍旗用「咸」，滿文作「yooni」；鑲藍旗用「寧」，滿文作「necin」。因此，只要看上一字，便知屬於何旗。而下一字有兩百個，八旗共用，包括道、德、仁、義、禮、智、忠、信、誠、實、寬、厚、剛、健、量、宏、翊、銳、哲、融、通、醇、良、淑、敬、安、舒、凝、莊、蔚、毅、潔、廉、敏、果、睿、亨、勤、慎、雄、英、壯、偉、強、傑、武、耀、勇、略、俊、秀、羨、嘉、詳、理、巽、順、謙、睦、淳、懿、欽、恕、端、簡、恭、儉、方、賢、肅、典、寥、誼、慈、愛、懿、美、丰、采、涵、彥、愷、綿、勳、聞、勁、濟、履、禧、充、彙、植、材、饒、殷、聲、燦、顯、旌、述、擴、興、隆、成、全、阜、定、鈞、遴、選、匡、襄、育、靖、凱、績、給、濬、升、恒、潤、演、亮、敷、啓、導、頤、固、治、勝、茂、滋、洪、巍、昌、幬、獎、勵、盈、庶、容、輯、篤、撫、護、衛、模、範、憲、令、綱、紀、謨、烈、矩、儀、政、訓、屏、翰、練、鞏、統、源、福、祿、符、瑞、平、恬、富、蕃、豐、裕、恩、惠、資、澤、譽、益、約、慶、寵、威、宣、彝、操、藝、衍、整、粹、喻、豫、輝、穆、永、昭、著、均、齊二百字。〔註 9〕

此兩百零八字滿漢文，皆是經過詳加考證字義後所選定，略舉數字爲例。如正黃旗之「合」，漢文字義頗多。《經籍纂詁》云：

合，同也。〔周禮・小行人〕合六幣注。又〔廣雅釋詁四〕，又〔淮南説林〕異形者不可合於一體注。

合，會也。〔國語・楚語〕於是乎合其州鄉朋友婚姻注，又〔史記樂書〕合守柎鼓正義，又〔呂覽・遇合〕合大夫而告之注。

合，和也。〔呂覽・有始〕夫物合而成注。

合，和諧。〔呂覽・古樂〕以比黃鍾之宮適合注。

合，謂和合羣眾也。〔荀子・非十二子〕合羣者也注。

〔註 9〕莊吉發，〈清文國語——滿文史料與雍正朝的歷史研究〉，收入《清史論集》第 20 輯，（臺北：文史哲出版社，2010），頁 149～170。

合，應也。〔史記・樂書〕合生氣之和正義。

合，謂中外相應。〔素問・五運行大論〕在人合之柰何注。

合，交。〔呂覽・論威〕才民未合注。

合，對也。〔爾雅・釋詁〕

合，匹也。〔離騷〕湯禹儼而求合兮注。

合，配也。〔詩・大明〕天作之合傳，又〔荀子・富國〕男女之合注。

合，結也。〔國語・楚語〕合其嘉好。

合，作也。〔漢書・律厤志上〕集注引孟康。

合，成也。……〔註 10〕

書中所列舉者，尚有「蒸」、「堅密」、「曾」、「聚」、「舍」等義。而滿文定爲「uhe」，以未釐定清語之前的康熙朝《大清全書》爲據，應作「統」、「總」、「共」、「都」義解。因此，在諸多漢字字義中，滿文是取「聚」、「和」之義而用「uhe」。又如鑲黃旗之「保」，漢文有「安」、「守」、「聚守」、「持」、「養」、「居」、「定」、「附」、「恃」、「任」、「使」、「庸」等義。〔註 11〕滿文用「enteheme」一詞，《大清全書》作「久」、「恒」、「五常之常」、「永」解；應是取漢文「守」、「持」等義與之對應。值得注意的是正白旗用「泰」字，《經籍纂詁》云：

泰，古作大。

泰，大也。〔易・泰〕釋文引馬注。

泰，善大之稱也。〔論語・泰伯〕泰伯，其可謂至德也已矣。皇疏。〔註 12〕

滿文定爲「amba」，意即「大」，顯係考證「泰」之古義而得。因此，雍正朝在規範佐領名號時，爲求有所依據，實際上已在進行文字考證。由於施政、頒布政令上之需要，滿漢合璧公文書往來等，不得不注意滿漢文之間繙譯恰當與否，必須有所規範。雍正帝甚爲重視這樣的問題，於雍正四年十月初二日下了一道諭旨：

朕從前所降諭旨，各衙門或將漢字翻清，或將清字譯漢者，俱不甚妥協，甚有關係。著各部衙門，將從前所降諭旨，原係漢字者

〔註 10〕（清）阮元等纂，《經籍纂詁》（臺北：宏業書局，1983），頁 1056。

〔註 11〕（清）阮元等纂，《經籍纂詁》，頁 570～571。

〔註 12〕（清）阮元等纂，《經籍纂詁》，頁 725。

陸續送內閣翻清，原係清字者，陸續送內閣譯漢，仍交各該處存案。若止壹二句易於翻譯者，不必送內閣。嗣後所降一應清漢諭旨，俱送內閣翻譯妥協，再交各該處。〔註 13〕

規範文字的第一步，即是弄清楚、弄明白確實字義爲何，以便規範後能通行天下。而此項官方文字規範措施，也始終在進行著。

乾隆朝時，滿文起了重大變革，許多在順康年間行之已久的滿文音譯字，經乾隆帝逐字審慎釐定後，有了豐富的意涵。如官銜之「總兵官」，原作「dzung bing guwan」，釐定爲「uheri kadalara da」，意即「總管轄之首領」。而「總督」，原作「dzung du」，釐定爲「uheri kadalara amban」，意爲「總管轄之大臣」。又如「巡撫」，原作「siyun fu」，釐定爲「giyarime dasara amban」，意爲「巡察治理的大臣」。而經典如「四書」原作「sy šu bithe」，釐定爲「duin bithe」，意即「四種書」。「大學」原作「dai hiyo bithe」，釐定爲「amba tacin bithe」，意即「大學問書」。「詩經」原作「ši ging」，釐定爲「irgebun i nomun」，意爲「詩的經典」。「湯誓」原作「tang ši」，釐定爲「tang han i fafushūn fiyelen」，意爲「湯君的發誓篇」。而度量衡方面，原本滿人日常生活中並無使用，與漢人往來之後，逐漸熟悉漢人的計量單位而加以運用，初期亦採漢字音譯，到了乾隆朝又重加審定成新字。如「丈」原作「jang」，釐定爲「juda」；「尺」原作「c'y」，釐定爲「jušuru」；「寸」原作「tsun」，釐定爲「jurhun」。「分」原作「fun」，釐定爲「fuwen」；「厘」原作「li」，釐定爲「eli」；「毫」原作「hao」，釐定爲「hina」。此外，許多有歧義的音譯字進一步加以區分。如原來音譯「gung」，可能是「公」或「宮」或「功」，乾隆朝將「公」定爲「gung」，「宮」定爲「gurung」，「功」定爲「gungge」。音譯字「jin」，可能是「更」或「經」，乾隆朝將「更」定爲「jin」，「經」定爲「nomun」。而「sansi」可能是「山西」或「陝西」，乾隆朝將「山西」定爲「sansi」，「陝西」定爲「šansi」。如此一來，滿文在字詞使用上有了新的規範及標準可循，便能減少混淆。而句型方面的變化，以繙譯《四書》爲例，康熙年間的滿文繙譯語法較接近漢文，即主詞之後先接直接受詞，再接間接受詞；到了乾隆朝改譯滿文時，於主詞之後先接間接受詞，再接直接受詞，〔註 14〕修正符合滿人語序之習慣。

綜觀上述，滿文之沿革，由努爾哈齊時代初創，經歷皇太極、順治、康

〔註 13〕《史語所藏內閣大庫檔案》，167477-018。本件係冊檔抄件。

〔註 14〕莊吉發，〈清高宗敕譯《四書》的探討〉，《滿族文化》，第 9 期，1986 年 5 月。

熙、雍正諸朝，到了乾隆帝時全面釐定，對字詞的使用及句型表達重新加以規範，定出一套標準。至此，滿文已臻成熟。爲求全國使用滿文的標準統一，便將相關之舊譯典籍如《四書》等，依照欽定清語重新加以改譯、刊刻、頒行，並收入《四庫全書》之中。因此，滿漢對照的乾隆朝《御製繙譯四書五經》，成了日後最重要的繙譯範本。清代公文檔案中即記載，咸豐六年（1856）九月二十三日，大學士文慶具奏前任巴里坤領隊大臣孟保呈進繙譯之《大學衍義》，「係欽遵乾隆年間《欽定繙譯四書五經》、《通鑑》，各按新語，敬謹更易。」〔註 15〕由此可知，乾隆朝以後的滿文字詞使用及句型表達方式，皆依循著《欽定繙譯四書五經》爲標準，而《四書》爲《五經》之基礎，其重要性自然不言而喻。

二、國語騎射

「國語騎射」爲清代諸帝時常提醒滿洲子弟之語，可分「國語」與「騎射」二者來說明。所謂的「國語」，即是滿語、清語；滿洲人所使用的語文一般稱作滿語、滿文，自皇太極於天聰十年（1630）四月十一日稱帝，定國號「大清」，改元崇德後，滿語、滿文亦可稱作清語、清文，或大清國之「國語」；三者用法在清代也並不規範，官方公文檔案即有實例。〔註 16〕而「騎射」一詞，滿文作「gabtara niyamniyambi」，是指「騎在馬上射箭」，而不是「騎馬」、「射箭」二事。「國語騎射」代表著滿洲根本文化，可說是一種民族的標誌，原來應是滿人自幼便耳濡目染之事，但是會成爲一種官方提倡的政策，顯然有某種外在的原因及內在隱含的意義。清代諸帝不斷地重申「國語騎射」，這是值得思考之處，顯然不如外在口號這般單純，而是有些原因。

（一）清初諸帝騎射能力

滿人先祖的生活方式離不開狩獵騎射，因此個個擅於此技。《太祖高皇帝實錄》記載了努爾哈齊與董鄂部頂尖的射手鈕翁金較量射技：

〔註 15〕參《史語所藏內閣大庫檔案》，057889-001。

〔註 16〕史語所藏內閣大庫檔案中，稱「滿文」者，如登錄號 086084-001，順治四年九月初一日題本；登錄號 138754-001，光緒二十三年十一月十五日移付。稱「清文」者，如登錄號 167477-005，雍正四年二月二十三日冊檔；登錄號 240335-001，嘉慶二十年四月移付。稱「清語」者，如登錄號 167516-001，雍正九年十二月冊檔；登錄號 146445-001，咸豐十一年五月二十二日咨文。稱「國語」者，如登錄號 294767-014，乾隆四十九年九月十六日小記事。

> 哈達國萬汗之子貝勒扈爾干以女來歸，遣其子戴善送至。上納其女，設宴成禮，初上出迎時，至洞城之野，有乘馬佩弓矢過者。上問左右曰：誰也？左右曰：此董鄂部人，善射，部中無出其右，所稱善射鈕翁金是也。上召鈕翁金至，指百步外柳，命之射。鈕翁金發五矢，中其三，上下相錯。上發五矢，皆中。眾視之，五矢所集，僅五寸許，眾共嘆爲神技云。〔註17〕

努爾哈齊聽聞鈕翁金是董鄂部最頂尖的射手，因此召來比藝，指著百步以外的柳樹測試他，結果鈕翁金發了五箭，只中三箭，這三枝箭上下交錯，差距頗大。努爾哈齊也發了五箭，五箭皆中，全部集中在五寸的範圍以內，令觀者無不驚訝他的神技。努爾哈齊對箭術饒有心得，訣竅在於選擇小而軟的弓，不費蠻力便能中的。〔註18〕此外，他也頗勇武，史語所藏內閣大庫檔案《太祖聖訓草底》內「威勇」下云：

> 甲申年九月，有王家部内一酋，名孫扎七光滾，於奇吉荅城邊謁太祖曰：「吾曾被瓮哥落處人所擒，乞貝勒助一旅之師，爲我雪讐。」太祖聞其言默思：「吾既興兵至此，當乘兹以威服一方。」遂與孫扎七光滾星夜前進，有光滾兄子帶度，密令人往報消息，瓮哥落人知之，遂歛兵於城。太祖兵臨城下攻之，焚其懸樓並週城房屋。太祖登房跨脊上射城内之人，被城中鵞兒古尼一箭正中其首，透盔傷肉，深指許；太祖拔箭，見城内一人奔走於烟突僻處，太祖即以所拔之箭射之，穿兩腿，應弦而倒。太祖箭傷血流至足，猶彎射不已，時一人名老科，乘火烟暗發一矢，正中太祖項鏃，卷如鈎，拔出帶肉兩塊。眾見太祖被傷，俱登屋欲扶回。太祖曰：「爾等勿得近前，恐敵知覺，待我從容自下。」項血湧出，太祖手搵箭眼，拄弓下屋，仆而復甦，至次日未時，其血方止，於是回兵。〔註19〕

努爾哈齊頭中一箭，便拔出射敵，脖子再中一箭，又帶肉拔出，若是常人，恐疼痛哀嚎，力氣全失，其勇武非比尋常。雖身受重傷，仍顧及他人安危，不願眾人冒險相扶，堅持自己退回，最後才不支倒下，而血流甚多，至次日下午未時方止。

〔註17〕《清實錄．太祖高皇帝實錄》，卷2，萬曆十六年四月初一日。
〔註18〕中國第一歷史檔案館譯注，《滿文老檔》（北京：中華書局，1990），頁624。
〔註19〕《史語所藏内閣大庫檔案》，166959-001。

皇太極之箭術亦極高超，天聰二年（1628）二月，他至三窪地行獵，親射五虎，從臣皆驚服神勇。〔註 20〕天聰六年（1632）五月，皇太極帶領八旗大軍遠征察哈爾蒙古，途中「有二羊並行，汗一矢貫之。」〔註 21〕可見其箭術神準。

入關後首位順治帝，由於所處環境不同，順治八年（1651）親政後，便開始第一次北巡，創下出塞圍獵之始。繼位之康熙帝更好此道，木蘭圍場即設置於康熙年間，「木蘭」即滿文「muran」之音譯，原爲「哨鹿」之意。木蘭行圍，是練習騎射、不忘武備之法，康熙帝自康熙十六年（1677）九月十八日起至康熙六十一年（1722）九月初二日止，共木蘭行圍四十五次。乾隆帝效法其祖，自乾隆六年（1741）八月初六日起至乾隆五十六年（1791）九月初三日止，共木蘭行圍四十次。〔註 22〕

康熙帝之武藝非比尋常，曾自述道：「朕自幼至今，凡用鳥鎗弓矢獲虎一百三十五，熊二十，豹二十五，猞猁猻十，麋鹿十四，狼九十六，野豬一百三十二，哨獲之鹿，凡數百。其餘圍場內隨便射獲諸獸不勝記矣。朕曾於一日內射兔三百一十八，若庸常人，畢世亦不能及此一日之數也。」〔註 23〕的確是技藝超羣。

令人疑惑的是雍正帝在位十三年，卻未曾至木蘭行圍過一次。關於此點，嘉慶皇帝在諭旨中提及：

> 從前聖祖仁皇帝歲時舉行秋獮，著爲恒典，我皇祖在位十三年，雖未出口行圍，而登極以前，屢經隨扈，且恭讀皇考〈避暑山莊後序〉，敬述皇祖面諭曰：「予之不往避暑山莊及木蘭行圍者，蓋因日不暇給，而性好逸、惡殺生，是余之過，後世子孫，當習武木蘭，毋忘家法。」〔註 24〕

原來雍正帝曾面諭過乾隆帝，他所以不去木蘭行圍，是因政事繁忙日不暇給，而又生性好安逸、不喜歡殺害生命。雖因如此，他仍要後世子孫「習武木蘭，毋忘家法」。

〔註 20〕中國第一歷史檔案館譯注，《滿文老檔》，頁 919。

〔註 21〕中國第一歷史檔案館譯注，《滿文老檔》，頁 1282。

〔註 22〕參莊吉發，〈清初諸帝的北巡及其政治活動〉，收入《清史論集》第 1 輯，（臺北：文史哲出版社，1997），頁 265～269。

〔註 23〕《欽定熱河志》，卷 14，頁 25。收入《欽定四庫全書》史部地理類．文淵閣（臺北：故宮博物院）。

〔註 24〕《史語所藏內閣大庫檔案》，172913-001。

到了嘉慶朝，因爲國家財政因素而減少了行圍次數，但仍舉行過十餘次，此時滿洲兵丁之騎射技藝已不如從前。《仁宗睿皇帝實錄》記載，嘉慶二十四年（1819）十二月二十三日上諭：

> 本日召見盛京副都統富祥，詢及該處演圍情形。據稱每值演圍，派兵一千名隨往，向例圍畢，每兵一名，交鹿一隻、鹿尾兩箇，兵丁等恐交不敷額，雇覓礮手數百人，用鎗打逸出鹿隻，賣給兵丁交納。此項礮手，均由將軍衙門發給印票隨往，以備鎗打圍外逸獸，如有虎熊，亦用鎗打等語。行圍一事，原爲滿洲操演技藝而設，東三省滿洲騎射本屬優長，向以打牲爲業，今吉林、黑龍江兵丁行圍，仍於馬上射獸。盛京兵丁，竟致雇覓礮手用鎗擊打，殺虎亦不用槍刺，只用鳥鎗，其技藝迥遜於前，已可概見。前以用鳥鎗擊虎，曾蒙皇考高宗純皇帝慮及滿洲等舊業廢弛，特降諭旨訓示，朕亦曾降旨飭禁。今日久懈生，不惟用鎗擊獸，甚至殺虎亦雇覓礮手施放鳥鎗。若不嚴禁，日後不惟馬上技藝廢弛，並恐該兵丁等既不能施放鳥鎗，亦不能執用長槍，則滿洲之技藝失矣。況兵丁等雇覓礮手，即屬私弊，若由將軍衙門發給印票，豈非該將軍大臣等通同作弊耶？松筠甫經到任，富祥亦係初次行圍，此弊非始於伊等任內，無庸治罪，即著交松筠徹底查明，任聽兵丁等雇覓礮手給票之事，始自何任將軍，明年行圍時，著嚴行禁止，務令派出行圍兵丁等親自打牲，以期技藝精熟，酌議章程具奏。〔註25〕

行圍原是爲了操演兵丁騎射，卻成了倩人代打敷衍交數之形式，又上下通同作弊，技藝如何進步？不惟盛京之滿洲兵丁如此，嘉慶帝以下諸帝，由於缺乏行圍演練，騎射之術亦一代不如一代。

（二）滿文衰退與沾染漢習

滿人自順治元年（1644）入關後來到漢地未久，即已受到漢人習俗影響。此點順治帝心中耿耿於懷，甚至在順治十八年正月丁巳日崩殂所下遺詔中提及：

> 朕以涼德，承嗣丕基，十八年於茲矣。自親政以來，紀綱法度，用人行政，不能仰法太祖、太宗謨烈，因循悠忽，苟且目前，且漸

〔註25〕《清實錄·仁宗睿皇帝實錄》，卷365，嘉慶二十四年十二月二十三日。

> 習漢俗，於淳樸舊制，日有更張，以致國治未臻，民生未遂，是朕之罪一也。〔註 26〕

「漸習漢俗，於淳樸舊制，日有更張。」說明當時滿人所面臨的實際情況，以少數人的異族面對大多數的漢人族羣，生活上耳濡目染，必然會不自覺地同化。

到了康熙朝，又再度遭遇語言、文化斷層之危機。康熙四十七年（1708）六月，《清文鑑》告成，康熙帝在〈清文鑑序〉中言：

> ……朕以涼德，膺祖宗之鴻圖，即位多年，未嘗晷刻不以法祖爲念，兢業自守，宵旰靡遑，萬幾之暇，惟以讀書窮理盡吾之志，凡五經四書已經繙譯之外，如綱目講義等有關於治道者，靡不譯盡。近來老成耆舊漸就凋謝，因而微文奧旨，久而弗彰，譌襲舛習而不察，字句偶有失落，語音或有不正，國書所關至鉅，政事文章皆由此出，非詳加釐定，何所折衷？非編輯成書，何以取法？爰詔儒臣，分類排纂，日以繕稟進呈，朕親御丹黃，逐一審訂解詁之，疑似者，必晰同異於毫芒引据之，闕遺者，必援經史以互證，或博咨於故老，或參考於舊編，大而天文地理，小而名物象數，十二字母五聲切音具載集中，名曰《清文鑑》。〔註 27〕……

序文中提及「老成耆舊漸就凋謝」，可知滿人到了中土，才不過九十餘年光景，原有通曉滿文的一代漸趨凋零，使得康熙帝不得不憂心起來。若後繼無人，「微文奧旨，久而弗彰，譌襲舛習而不察，字句偶有失落，語音或有不正。」於是決心編纂《清文鑑》，俾政事文章可以取法，滿洲文字永久流傳。

然而口語的傳承與書面文字究竟有所不同，到了雍正朝，滿人沾染漢習更甚，也不專心學習自己的語言了。《世宗憲皇帝聖訓》記載，雍正六年（1728）正月二十九日，雍正帝諭值班侍衛及守衛護軍等：

> 滿洲舊制，最重學習清語。近見挑選之侍衛護軍等，棄其應習之清語，反以漢語互相戲謔，甚屬不合。且滿洲人等，俱係太祖、太宗、世祖、聖祖皇考之所留遺者。當日耆舊大臣，務以造就後進爲心，每將習學滿洲本務、努力上進之語時時教導。今兵丁值班之

〔註 26〕《史語所藏內閣大庫檔案》，087506-001。卷軸，高廣 107×175.5 公分。

〔註 27〕見《聖祖仁皇帝御製文集》第 3 集，卷 20，頁 7～8，收入《欽定四庫全書》集部。

處，彼此戲謔，殊非善習。嗣後各宜勉勵，屏除習氣，以清語、拉弓及相搏等技，專心習學。此爾等進身之階，國家亦收得人之效矣。〔註 28〕

如此三申五令，亦未見有改善，甚至到了乾隆元年，引見的旗人陳遵等，無法以清語回答皇帝問話。〔註 29〕乾隆六年（1741）三月，乾隆帝觀察到一項事實，他說：「近見滿洲子弟，漸眈安逸，廢棄本務。宗室章京侍衛等，不以騎射爲事，亦不學習清語，公所俱說漢話。」因此，不得不嚴厲地說道：「飭令宗室、章京、侍衛等各加奮勉，及時學習。朕於本年冬間，或明年春間查閱。其優等者，格外施恩，倘仍不學習，以致射箭平常、不諳清語者，定從重治罪。」〔註 30〕事隔一月，又再度下諭：

侍衛等係親隨朕躬內廷當差之人，自應敬慎威儀，勤習清語，演練騎射，方爲無忝厥職。近聞侍衛以及散秩大臣等，竟不以清語騎射爲務，凡遇進班齊集公所，終日聚談謔浪笑傲，及至射箭之期，亦不過苟且塞責，或竟有託故不射者。散秩大臣皆係勳舊功臣子孫，身荷國恩，授爲大臣。而侍衛內，宗室覺羅大臣子孫甚多，均當追念伊等先人貽謀，深自愛重。即有微族出身，由護軍拜唐阿効力當差者，亦當勤於職業，勉圖上進，乃皆習染流俗，全不顧念根本。從前皇考特降諭旨，令侍衛等於值班處所，設立布把演習射箭，今並未聞有此事。大臣侍衛等，與其在值班處所任意閒謔，曷若設立布把鵠子，以貫的較勝。至領侍衛內大臣等，於此等處漫不經心，聽從侍衛等苟且塞責，亦屬非是。著領侍衛內大臣，曉諭侍衛等，恪遵朕旨，務各勤習清語、演練騎射，倘有仍前不改者，經朕查出，必嚴加治罪，並將該管大臣等一併議處，其共勉之。〔註 31〕

嚴厲的申飭並未收效，大約乾隆十一、十二年左右，事態更趨嚴重，《高宗純皇帝實錄》中有兩條上諭可以看出一些端倪。其一，乾隆十一年（1746）十月壬申日上諭云：

將軍傅森奏摺內，將穀葉生蟲清語，兩處俱行誤寫。黑龍江係專習清語，滿洲辦事地方，將軍又有訓導屬下之責，乃於穀葉生蟲

〔註 28〕《世宗憲皇帝聖訓》，卷 21，雍正六年正月二十九日。
〔註 29〕《清實錄・高宗純皇帝實錄》，卷 16，乾隆元年四月初三日。
〔註 30〕《清實錄・高宗純皇帝實錄》，卷 138，乾隆六年三月初四日。
〔註 31〕《清實錄・高宗純皇帝實錄》，卷 143，乾隆六年五月二十四日。

清語尚且不知，致有舛錯，可見平日不以清語爲事。此外，奏摺多遺漏錯誤之處，著飭行。〔註 32〕

其二，乾隆十二年（1747）七月甲午日，諭軍機大臣等：

> 本日正白旗滿洲，將盛京補放佐領之新滿洲人等帶領引見，清語俱屬平常。盛京係我滿洲根本之地，人人俱能清語。今本處人員，竟致生疏如此。皆該管大臣官員等，平日未能留心教訓所致，將軍達勒當阿，著傳旨申飭。〔註 33〕

黑龍江與盛京皆是專習清語之地，照理說黑龍江將軍衙門處理公務向來皆使用滿文，程度應該比他地要好。但是竟不知「穀葉生蟲」清語如何寫，以致書寫錯誤。而盛京地區的滿人，帶領引見後才發現清語俱屬平常，可見專習清語之地的滿文，程度開始下降，滿文、滿語衰落的危機畢現。

（三）憂患意識與文化自覺

早在未入關以前，皇太極即有憂患意識。崇德元年（1636）十一月十三日，他聽聞內弘文院大臣讀《金史・世宗本紀》，因有所感而降諭旨，諭旨中提及：

> ……世宗即位，奮圖法祖，勤求治理，唯恐子孫仍效漢俗，豫爲禁約，屢以無忘祖宗爲訓。衣服語言，悉遵舊制，時時練習騎射，以備武功。雖垂訓如此，後世之君，漸至懈廢，忘其騎射。至於哀宗，社稷傾危，國遂滅亡。乃知凡爲君者，耽於酒色，未有不亡者也。先時，儒臣巴克什達海、庫爾纏，屢勸朕改滿洲衣冠，效漢人服飾制度，朕不從，輒以爲朕不納諫。朕試設爲比喻，如我等於此聚集，寬衣大袖，左佩矢，右挾弓，忽遇碩翁科羅巴圖魯勞薩挺身突入，我等能御之乎？若廢騎射，寬衣大袖，待他人割肉而後食，與尚左手之人何以異耶？朕發此言，實爲子孫萬世之計也。在朕身豈有更變之理？恐日後子孫忘舊制，廢騎射以效漢俗，故常切此慮耳。〔註 34〕

皇太極不允巴克什達海、庫爾纏所請，改滿洲衣冠，效漢人服飾、制度。實際是「爲子孫萬世之計」，恐日後子孫「忘舊制、廢騎射以效漢俗」，並以史

〔註 32〕《清實錄・高宗純皇帝實錄》，卷 276，乾隆十一年十月初十日。
〔註 33〕《清實錄・高宗純皇帝實錄》，卷 294，乾隆十二年七月初六日。
〔註 34〕《清實錄・太宗文皇帝實錄》，卷 32，崇德元年十一月十三日。

爲鑑，認爲金之滅亡，是因效漢俗、忘騎射，故不納巴克什達海等意見。

入關後的順治帝，亦有所警覺。《世宗憲皇帝實錄》記載，順治十一年（1654）六月初九日，順治帝諭宗人府：

> 朕思習漢書、入漢俗，漸忘我滿洲舊制。前准宗人府禮部所請，設立宗學，令宗室子弟讀書其內。因派員教習滿書，其願習漢書者，各聽其便。今思既習滿書，即可將繙譯各樣漢書觀玩，著永停其習漢字諸書，專習滿書，爾衙門傳示。〔註 35〕

此段諭旨，亦見於史語所藏內閣大庫檔案，康熙十二年（1673）七月十二日宗人府題本，且是不同年之二道諭旨，可知《清實錄》有所增刪潤色。原文如下：

> 查順治拾壹年陸月內奉聖諭：諭宗人府，朕見習漢書，恐入漢禮。忘我滿洲之禮。今思既習滿書、即將各番譯之漢書可觀。宗室子男習漢書，著永行停止。順治拾捌年捌月內定實錄內，宗室子男或讀漢書與否，各聽從其便。〔註 36〕

順治帝於十八年（1661）正月崩殂，內定實錄所載八月所下諭旨，應是康熙帝，而康熙朝修纂《順治實錄》時，又加以修改潤色。今本《聖祖仁皇帝實錄》中，未見順治十八年（1661）八月內有「宗室子男或讀漢書與否各聽從其便」字句。總之，順治帝於順治十一年（1654）六月下令宗室子弟「永停習漢字諸書」，確有其事，可見其憂心如此。

順治十二年（1655）二月初四日，太僕寺主簿高桂上奏，諫請順治帝學習漢語、漢書，當中說道：

> ……夫以天下之大，人民之眾，賦役繁多，刑名雜沓，水旱頻仍，流離疾苦，舉之不勝舉也，述之不勝述也。臣愚謂得其本，雖萬機不足理矣。所謂得其本者何，讀漢書以明聖賢之義，習漢語以通上下之情是也。我皇上於滿臣條議，固已既始鏡終緣末測本，未有飾詞以罔上者，獨是漢臣條議，必待翻譯，然後奏聞。以我皇上天縱之聰，一言之入，固無不洞微燭隱，儻翻譯或有未詳，則是言者者之矢忠效愚，終有鬱而未達之情也。臣固願皇上讀漢書、習漢語，慎選詞臣之有學、有行者，置諸左右，將歷代之帝王用人行政，

〔註 35〕《清實錄・世祖章皇帝實錄》，卷 84，順治十一年六月初九日。

〔註 36〕《史語所藏內閣大庫檔案》，059169-001

以及學庸語孟諸漢書，無不再四開陳，我皇上加以遜志時敏念典終始之功，其於漢文、漢字，無不豁於心目。凡漢臣有所條議，一經睿覽，亦可即始鏡終緣末測本，對滿臣則用滿語、滿字，對漢臣則用漢語、漢字，滿漢既無隔礙，中外自無疑惑。〔註 37〕

太僕寺主簿高桂希望順治帝學漢語、讀漢書，能不經過繙譯直接與漢臣溝通，並置帝師於左右，教讀漢文《四書》，以明聖賢之義。但是他忘了前一年順治帝才說過，滿人讀漢書，恐心中接受漢禮，忘了自己的滿洲禮俗，當時已將漢文典籍繙成滿文，就沒必要再看漢書了。因此硃批道：「滿書、漢書同爲一理，這所奏好生可惡而且無益，著嚴飭，該部知道。」〔註 38〕高桂不察君心，觸及順治帝心中最憂慮之事，因而被痛責。

不惟順治帝憂心，康熙、雍正、乾隆諸帝皆有憂患意識，惟恐滿洲文化被漢族文化取代，是以不斷地重申「國語騎射爲滿洲根本」，勉勵滿洲子弟勿忘滿語，時時勤習武藝。並採取一些獎勵或懲罰之措施，欲使國語騎射之水準提升。而官方所進行的滿文繙譯漢文典籍文化事業，亦是保存滿洲語文所採取的措施之一。

第二節　崇儒重道與繙譯考試

一、崇儒重道

「崇儒重道」一詞，爲「崇儒」及「重道」二者之結合。「崇儒」之淵源甚早，漢武帝「罷黜百家，獨尊儒術」，開崇儒風氣之先。而隋唐之際佛老盛行，韓愈、李翺力斥佛老重振儒家，因而提出「道統」之說，宋明以來，周、程、張、朱續循「道統」，爲重道之提倡。據孟古托力，〈試論金朝儒家文化分期——兼議「崇儒重道」基本國策〉一文分析，最早使用「崇儒重道」一詞，自金人始。正隆元年（1156），傅慎徽作〈威縣建廟學碑〉已使用；大定二十一年（1181），王去非於〈博州重修廟學碑〉亦使用。而王若虛在〈行唐縣重修學記〉中再次使用，足見「崇儒重道」一詞在金代已頻繁出現，

〔註 37〕國立中央研究院歷史語言研究所編，《明清史料》丙編第 4 本，（臺北：維新書局，1972），頁 370。

〔註 38〕國立中央研究院歷史語言研究所編，《明清史料》丙編第 4 本，（臺北：維新書局，1972），頁 370。

成定型之詞語。〔註39〕至明代時，已成爲即定之政策。而《明實錄》中最早出現者，爲《太宗文皇帝實錄》卷五十二，永樂四年（1406）三月初一日，上諭：「朕承鴻業，惟成憲是遵，今當躬詣太學，釋奠先師，以稱崇儒重道之意。」〔註40〕另一條則說明有明一代始終奉行此政策，見《明英宗睿皇帝實錄》卷一百零七，正統八年（1443）八月初十日：「上曰：『我朝崇儒重道，有隆無替。今去諸儒未遠，苟弗恤其子孫，豈崇重之意乎？然恩典亦不可濫，其嫡派子孫宜免差徭。』」〔註41〕據此可知，「崇儒重道」之說並非清代所獨創，而是有其淵源。

至清代，雖然入關前皇太極已留意到儒家學說的重要性，〔註42〕但眞正實行「崇儒重道」政策者，應自順治朝開始。而定鼎之初，亦多沿襲明代的政策與制度，當時有不少前明降臣一再地勸請。如順治元年（1644）七月二十九日，太常寺少卿劉昌啓請是年八月初二日祭祀至聖先師孔子，朝廷也應允了。〔註43〕這代表雖然改朝換代，儒家仍受尊崇，即是「崇儒」之意。順治二年（1645）四月，山西學政孫肇興奏請刻《四書》與布學宮，〔註44〕亦是弘揚儒家思想之策略。順治三年（1646）正月，禮科給事中梁維本題請「擇吉舉行經筵日講大典，以隆聖學，以彰聖治」，並仿前代「命儒臣開講」，〔註45〕然而天下初定，歷經寇禍兵亂，百廢待舉，直至順治十年（1653）四月十九日，始正式將「崇儒重道」定爲基本國策。〔註46〕

滿人入關初年即循舊例開始祭祀文廟，明示尊崇儒家，穩固了儒家在新政權中的地位。由順治元年（1644）太常寺少卿劉昌之啓本中可知，六月十六日已奉旨遣官特祭文廟，再度請旨是因明朝舊例每年二月、八月丁日祭至聖先師孔子，而順治元年八月初二日正是丁祭，因而請旨是否照舊例舉行。隨後於七月二十九日奉令旨：「文廟丁祭自當照例舉行，禮部知道。」〔註47〕

〔註39〕孟古托力，〈試論金朝儒家文化分期——兼議「崇儒重道」基本國策〉，《滿語研究》2001年2期（總第33期），頁67。

〔註40〕《明實錄・太宗文皇帝實錄》，卷52，永樂四年三月初一日。

〔註41〕《明實錄・英宗睿皇帝實錄》，卷107，正統八年八月初十日。

〔註42〕葉高樹，《清朝前期的文化政策》（臺北：稻香出版社，2002），頁179～181。

〔註43〕《史語所藏內閣大庫檔案》，185043-063。禮科錄書。

〔註44〕《史語所藏內閣大庫檔案》，086446-001。此件爲奏本之同式抄件揭帖。

〔註45〕《史語所藏內閣大庫檔案》，007180-001。此件爲題本之同式抄件揭帖。

〔註46〕《清實錄・世祖章皇帝實錄》，卷74，順治十年四月十九日。

〔註47〕《史語所藏內閣大庫檔案》，185043-063。

表明尊崇儒家之策已然確立，此時順治帝尚未入京，而是由攝政王多爾袞所下令旨。在此數日之前，多爾袞亦有令旨：

> 帝王聿起，必有多賢彙征，用襄至治。本朝應天受命，爲世作人，而當明季濫冗，逆賊玷污之後，尤宜振起積衰，與之更始，念茲畿輔四方，必有積學鴻才，譽髦斯士，宜速獎拔以弘鼓舞，廣搜羅而富國楨。爲此合行禮部，作速大張榜諭，凡在京積分監生，俱于今秋赴國學考試，送部銓授；在外府州縣廩生，赴提學考試選貢來京，必須學達經濟，行合規矩，然後及格，餘俟明年大比，此係開國求賢之始，不得仍前徇私冒濫，如或失舉，責有攸歸。〔註48〕

可知其開國求賢，所求的是「積學鴻才」，且自前朝培育出之監生、廩生中考試選拔，這些都是熟讀儒家典籍《四書》、《五經》之士，儒生藉此獲得重視，地位因而提昇。「九月十九日甲辰，順治帝自正陽門入宮，十月乙卯朔，親詣南郊告祭天地，即皇帝位，頒大清時憲曆。翌日丙辰，以孔子六十五代孫孔允植（孔胤植），封衍聖公，其五經博士等官襲封如故。」〔註49〕而衍聖公孔胤植於順治三年（1646）冬染肺癰兼手足癱瘓不能動履，順治四年（1647）十二月十五日酉時身故，〔註50〕長子孔興燮爲孔子第六十六代孫，於順治五年三月二十九日襲封衍聖公。〔註51〕順治六年（1649）十二月十一日，順治帝敕諭衍聖公孔興燮：

> 國家功成治定，必先重道崇儒，特於先師孔子聿隆象賢之典，其大宗之裔，錫爵嗣封承奉祀事，即支庶亦加優遇，但族屬繁衍，賢愚不同，該府官員，恐有倚恃公爵，肆行無忌，慢上凌下，侵占騷擾，大累地方。今朝綱整肅，法紀嚴明，尔其統攝宗姓，督率訓勵，申飭教規，使各凜守禮度，無玷聖門，如有輕□國典，不守家規，恃強越分，朋比非□□則徑自察處，重則據實指名參□□律正罪。尔尤宜率祖奉公，謹德修行，身立模範，禁約該管員役，俾之一遵法紀，毋致驕橫生事，庶不負朝廷優嘉盛典，尔其欽承之，故諭。〔註52〕

〔註48〕《史語所藏內閣大庫檔案》，086450-001。

〔註49〕參孟森，《清代史》（臺北：正中書局，1977），頁114。其中孔子六十五代孫「允植」清初公文檔案中皆作「孔胤植」，後因避諱雍正帝名而改。

〔註50〕《史語所藏內閣大庫檔案》，085743-001。

〔註51〕《史語所藏內閣大庫檔案》，036875-001。

〔註52〕《明清檔案存真選輯》初-011，頁18。《史語所藏內閣大庫檔案》，038169-001。

當中明示「重道崇儒」之旨，在使「國家功成治定」，顯示在新舊政權交替之際，儒家受尊崇的地位仍未改變。

順治十年（1653）四月，順治帝諭禮部，明令「崇儒重道」方針，實施「各地方設立學宮，令士子讀書，各治一經，選為生員。歲試、科試，入學肄業，朝廷復其身，有司接以禮，培養教化，貢明經、舉孝廉、成進士。」〔註53〕康熙朝實施日講，以朱熹編定之《四書》為始，由於康熙帝個人之喜好，朱子地位日漸受到尊崇。而朱子是繼孔孟之後確立儒家思想「道統」之集大成者，推崇朱熹，亦是延續「道統」之傳。康熙二十二年（1683）九月，諭令以朱熹第十八代嫡孫朱瀠承襲五經博士，奉建安祀。〔註54〕乾隆帝亦於乾隆六年（1741）頒賜御書匾額懸掛朱熹祠內，藉此彰顯「崇儒重道」之意。而民間百姓童蒙教育皆重《四書》，連臺灣蕃童皆能成誦。

> 雍正十二年（1734），左右將在移住民中選文理精通者為社師，供給住屋及食物膏火，教蕃童，蕃童能誦《四書》及《毛詩》（詩經），憑衣服及其他，一見如中國內地人之子弟無異。〔註55〕

所言「移住民」，即跨海來臺之中國內地百姓，從中選取文理精通者為教師，以內地子弟之教育方式來教導蕃童，令其記誦《四書》、《毛詩》，甚至為他們換了漢人服飾，欲思徹底改造。「崇儒重道」發揮到了極致，便如日人的觀察這般：

> 在臺中國人，因其歷史系統之關係，受儒教傳統感化，在土俗慣習上可見其感化之餘影者多。故如昔日紀貫之之土佐日記所謂：「目不識丁者，亦足踏十字形而遊。」目不識丁字之村氓婦孺，亦知敬惜字紙，乃其好例。於是乎，其結果表現，乃普設惜字亭為風，又稱敬聖亭或敬字亭，凡公署書院所在，城街康莊地之要所，必設一基爐亭，苟書有文字之大小紙片，悉聚於此亭中焚化為習常。蓋因篤信文字為聖教遺蹟之餘，棄之污之，悉被視為失敬於先聖之故。〔註56〕

敬惜字紙，不敢任意丟棄，須於惜字亭中焚化，若不如此，便是對先聖失敬。

〔註53〕《清實錄・世祖章皇帝實錄》，卷74，順治十年四月十九日。

〔註54〕《史語所藏內閣大庫檔案》，259107-001。

〔註55〕臺灣慣習研究會，《臺灣慣習記事》（中譯本）第1卷下第12號，（臺中：臺灣省文獻委員會，1984），頁230。

〔註56〕臺灣慣習研究會，《臺灣慣習記事》（中譯本）第1卷上第3號，頁17。

這是「受儒教傳統感化」，而「篤信文字爲聖教遺蹟之餘」，溯其根源，其實是在「崇儒重道」的政策影響下所產生。

二、繙譯科考試

自古科舉考試即爲士子求取功名之人生最高目標，經由一名尋常乞丐之口便可得知，《臺灣慣習記事》中記載：「在艋舺街頭有乞丐，髮散，顏憔悴，目盲，衣破，坐在地上向路人哀乞，唱曰：『頭家，好心，好量，一個錢分，給汝狀元子，舉人孫。』」〔註 57〕這名乞丐希望路人施捨一分錢，所謂好心必有好報，子孫一定會中舉人、出狀元，是人人心中所冀求的。

清代科舉考試制度襲自明代，《清史稿・選舉志》云：

> 有清科目取士，承明制用八股文，取四子書及《易》、《書》、《詩》、《春秋》、《禮記》五經命題，謂之制義。三年大比，試諸生於直省，鄉試中式者爲舉人。次年，試舉人於京師，曰會試，中式者爲進士。天子親策於廷，曰殿試，名第分一二三甲；一甲三人，曰狀元、榜眼、探花，賜進士及第；二甲若干人，賜進士出身；三甲若干人，賜同進士出身。鄉試第一，曰解元；會試第一，曰會元。二甲第一，曰傳臚，悉仍明舊稱也。〔註 58〕

藉由科舉考試，「崇儒重道」政策更加落實。儒家經典《四書》，定爲科舉考試之命題範疇，使得士子人人必誦，儒家思想藉此深植人心。清代科舉考試除了文科、武科，博學鴻詞科、孝廉方正、經濟特科外，別立繙譯考試一科，爲前代所無。設置的目的，乾隆帝言：「設立繙譯科，原爲鼓舞滿洲，令諸生專意學習國語，考取時必取眞才，然後未得考取之人，方知奮勉勤學。」〔註 59〕又說：「原以清書爲滿洲根本，考試繙譯，使不失滿洲本業也。」〔註 60〕因此，繙譯科考試之設立，是在鼓勵滿洲子弟、官員勤習國語，使之不失本業，不忘根本。

繙譯科考試又分爲滿洲繙譯與蒙古繙譯兩種，考試方法亦不相同；滿洲繙譯是將滿文試題譯成漢文，或是將漢文試題譯成滿文，〔註 61〕亦有以滿文

〔註 57〕臺灣慣習研究會，《臺灣慣習記事》（中譯本）第 1 卷上第 3 號，頁 99。
〔註 58〕《清史稿》，卷 108，志 83，選舉 3，文科。
〔註 59〕《欽定科場條例》，卷 59。
〔註 60〕《欽定科場條例》，卷 60。
〔註 61〕關於滿洲繙譯考試，劉兆璸認爲是將漢文試題譯成滿文，見《清代科舉》（臺

作論；蒙古繙譯則是將蒙文試題譯成滿文。考滿文者，無論滿洲、蒙古、漢軍皆可參加；考蒙文者，僅限蒙古人。比較應試階段，文科、武科各有四階，即童試、鄉試、會試、殿試；繙譯科僅有三階，即童試、鄉試、會試。童試爲地方考試，鄉試屬分省考試，會試、殿試爲中央考試。〔註 62〕

考試出題範疇，據內閣大庫檔案登錄號：021495-001 所述，乾隆元年（1736）四月初九日，議准陝西道監察御史舒赫德奏請酌改繙譯試題一摺，當中提及「從前繙譯科場俱用《日講四書》一段及新到通本一件爲題」，後改「雍正七年以前欽奉諭旨刊刻本內恭擇一道及《日講四書》一段」，數年以來俱用上諭爲題多有重複，因此繙譯科鄉會試此部分改以清文刊刻之《性理精義》、《小學》內出題；而《日講四書》出題的部分則始終不變。由此可知，繙譯科考試除公文實務外，同樣注重《四書》，特別是康熙帝所頒賜之《清文日講四書解義》，序文中明示儒家「道統」傳承，經由繙譯科考試指定誦記考試，使得「崇儒重道」思想築基在滿洲子弟心中。

第三節　《四書》及其滿文譯本

一、《四書》之形成

《四書》爲儒家典籍專有名詞，宋代以前，尚未出現此名，至南宋淳熙九年（1182），朱熹將其所作之《大學章句》、《中庸章句》、《論語集注》、《孟子集注》合爲一編，稱《四書章句集注》，刊於婺州，遂有其名。究其來源，《四庫全書總目》序云：

> 《論語》、《孟子》，舊各爲帙；〈大學〉、〈中庸〉，舊《禮記》之二篇。其編爲《四書》，自宋淳熙始；其懸爲令甲，則自元延祐復

北：東大圖書公司，1979），.頁 143。屈六生則是以爲將滿文試題譯成漢文，見〈論清代的翻譯科考試〉，收入《慶祝王鍾翰先生八十壽辰學術論文集》（瀋陽：遼寧大學出版社，1993），頁 229。今見史語所內閣大庫檔案，二者均有，如登錄號：105122-001，乾隆拾捌年癸酉科鄉試題目，欽命繙譯題壹道，即是將漢文試題譯成滿文，左方另有滿文欽命作論四書題一道：敏則有功。滿文轉寫羅馬拼音：abkai wehiyehe i juwan jakūci aniya, sahahūn coko aniyai ubaliyambure tukiyesi simnere joringga, hesei tucibuhe manju hergen i duin bithe i joringga emke, kicebe oci gungge bimbi。

〔註 62〕劉兆璸，《清代科舉》，頁 143。

科舉始，古來無是名也。〔註63〕

今日所見之《四書》，包含《論語》、《孟子》、《大學》、《中庸》四書。《論語》原爲孔子及弟子的言行記錄，《漢書・藝文志》列在《六藝略》，至《隋書・經籍志》始列於經部。而《孟子》初爲子書，至北宋神宗始由子陞經；〈大學〉、〈中庸〉則是《小戴禮記》第四十二及第三十一篇，鄭氏《三禮目錄》中屬《別錄》，非經之正文，後來才各自受到重視。雖然四書之形成歷史可以往前追溯，如北宋二程曾特別表彰〈大學〉、〈中庸〉二篇，可與《論語》、《孟子》並行。然而至南宋朱熹時，爲〈大學〉、〈中庸〉作注，稱之「章句」；集《論語》、《孟子》二程等諸家注釋，稱爲「集注」，又合此四書成《四書章句集注》。自此四書並舉，成爲儒家典籍中的專有名詞。

何以朱熹合此四書爲一帙？其中蘊含著精深的思想意涵。自佛教傳入中土後，儒家逐漸失去社會及政治上的優越勢力，至唐代日趨式微，一些有志之儒士，不得不急思振興，首先提出「道統」之說者爲韓愈，〔註64〕彼時因佛老廣行，欲與之相抗，乃作〈原道〉一篇加以擯斥，並建立一脈相承之「道統」。其言曰：

周道衰，孔子沒。火于秦，黃老于漢，佛于晉、魏、梁、隋之間。其言道德仁義者，不入于楊，則入于墨。不入于老，則入于佛。……後之人其欲聞仁義道德之說，孰從而聽之？……曰：斯道也，何道也？曰：斯吾所謂道也，非向所謂老與佛之道也。堯以是傳之舜，舜以是傳之禹，禹以是傳之湯，湯以是傳之文、武、周公，文、武、周公以是傳之孔子，孔子傳之孟軻，孟軻之死，不得其傳焉。〔註65〕

此中揭示了儒家「道統」傳承，自堯、舜、禹、湯、文、武、周公、孔子，乃至孟子一脈相承。孟子之後卻不得其傳，實乃韓愈自詡爲道統承繼者。〔註66〕其友李翺，更進一步補充孔、孟之間，有孔子之孫子思，得孔子之道作〈中庸〉，而後再傳孟子，但道統之具體內容，二人並未言明，因其表彰

〔註63〕（清）紀昀撰，《四庫全書總目》，卷35，〈四書類小序〉。

〔註64〕錢穆言：「治宋學必始於唐，而以昌黎韓氏爲之率。」見氏著《中國近三百年學術史》（北京：中華書局，1987），頁1。

〔註65〕〈原道〉收入《韓文公集》，卷11。

〔註66〕朱熹言：「這個道理，自孔子既沒，便無人理會得，只有韓文公曾說來。」參《朱子語類》卷18。又云：「韓退之則于大體處見得，如〈原道〉一篇，自孟子後無人似他見得。」參《朱子語類》卷137。

〈大學〉及〈中庸〉，使得後人開始重視二篇，開啓宋明理學之先河。至北宋程顥、程頤二者，特別重視〈大學〉、〈中庸〉、《論語》、《孟子》，曾言：「〈大學〉，孔子之遺言也。學者由是而學，則不迷於入德之門也。」〔註67〕又曰：「善讀〈中庸〉者，只得此一卷書，終身用不盡也。」〔註68〕以及「學者當以《論語》、《孟子》爲本，《論語》、《孟子》既治，則六經可不治而明矣。」〔註69〕朱熹承繼二程之學，將〈大學〉文本加以改造與詮釋，重述「道統」次第，〔註70〕由〈大學章句序〉中可知，其言：「及孟子沒而其傳泯焉，則其書雖存，而知者鮮矣。」正是韓愈所述「道統」至「孟軻之死，不得其傳焉。」那麼，是誰接續此「道統」？序云：

於是河南程氏兩夫子出，而有以接乎孟氏之傳。實始遵信此篇而表章之，既又爲之次其簡編，發其歸趣，然後古者大學教人之法，聖經賢傳之指，粲然復明於世。〔註71〕

直言聖賢之「道」在《大學》，自孟子後接續「道統」者爲二程。因此，《四書》實爲宋明理學闡揚「道統」最重要之典籍。然而《四書》會受到重視，與科舉考試甚有關係。南宋時開始將《四書》納入太學課程之中，到了元、明兩代皆爲科舉考試命題範疇，〔註72〕而科舉考試是平民百姓入仕進階之梯，士子爲求功名，不得不努力背誦《四書》。

二、滿人爲什麼會繙譯《四書》？

滿文繙譯《四書》之啓端，與皇太極重視文教和大臣們多次勸請有關。皇太極繼承汗位之後，採取一連串改革措施，他意識到學習漢人知識與經驗的重要性，因此命筆帖式開始著手繙譯漢字書籍，又令滿漢儒臣繙譯記注本朝政事，想爲歷史留下記錄。《太宗文皇帝實錄》記載，天聰三年（1629）四月：

上命儒臣分爲兩直，巴克什達海同筆帖式剛林、蘇開、顧爾馬渾、托布戚等四人繙譯漢字書籍；巴克什庫爾纏同筆帖式吳巴什、

〔註67〕《河南程氏粹言》，卷1。
〔註68〕《河南程氏遺書》，卷17。
〔註69〕《河南程氏遺書》，卷25。
〔註70〕郭齊，〈朱熹《四書》次序考論〉，《四川大學學報》（哲學社會科學版），2000年第6期（總第111期）。
〔註71〕《四書集注》〈大學章句序〉。
〔註72〕沈兼士，《中國考試制度史》（臺北：臺灣商務印書館，1995），頁163～224。

查素喀、胡球、詹霸等四人記注本朝政事，以昭信史。〔註73〕

此時期繙譯了何書無從得知，由《滿文老檔》推測，巴克什達海卒於天聰六年（1632）七月十四日未時，〔註74〕所譯漢書成帙者有《刑部會典》、《素書》、《三略》、《萬寶全書》，而《通鑑》、《六韜》、《孟子》、《三國志》及大乘經皆未譯完。〔註75〕其中，儒家典籍僅繙譯《孟子》而已，但這只是就達海個人而言。同年九月，書房秀才王文奎上奏建言，啓發了皇太極以《四書》及《通鑒》爲學習對象的端緒，其云：

汗嘗喜閱《三國志》傳，臣謂此一隅之見，偏而不全。其帝王治平之道，微妙者載在《四書》，顯明者詳諸史籍。宜于八固山讀書之筆帖式內，選一、二伶俐通文者，更于秀才內選一、二老成明察者，講解翻寫，日進《四書》兩段，《通鑒》一章，汗于聽政之暇，觀覽默會，日知月積，身體力行，作之不止，乃成君子。〔註76〕

王文奎從修身、治國、平天下的理念出發，冀望皇太極藉由每日繙譯進講《四書》，從中學習身體力行，乃成君子，進而治理天下。其立意美善，然而皇太極是否採納，從天聰七年（1633）九月漢官參將寧完我所奏文中可略知端倪。寧完我言：

臣觀《金史》，乃我國始末，汗亦不可不知，但欲全全，譯寫十載難成，且非緊要有益之書。如要知正心、修身、齊家、治國的道理，則有《孝經》、《學庸》、《論孟》等書；如要益聰明智識，選練戰功的機權，則有《三略》、《六韜》、《孫吳》、《素書》等書；如要知古來興廢的事迹，則有《通鑑》一書。此等書實成最緊要大有益之書，汗與貝勒以國中大人所當習聞、明知、身體而力行者也。近來本章稀少，常耐、恩革太二人每每空閑無事，可將臣言上項請出，令臣等選譯，督令東拜、常耐等譯寫，不時呈進。〔註77〕

寧完我再次促請繙譯「緊要有益之書」，實因皇太極重心皆置於《金史》譯寫，並未接納先前王文奎的建言。據史語所藏內閣大庫檔案記載，天聰九年

〔註73〕《清實錄・太宗文皇帝實錄》，卷5，天聰三年四月初一日。

〔註74〕《滿文老檔》。

〔註75〕《清實錄・太宗文皇帝實錄》卷12，天聰六年七月十四日。

〔註76〕〈王文奎條陳時宜奏（天聰六年九月）〉，《清初史料叢刊第四種・天聰朝臣工奏議》，卷上，（沈陽：遼寧大學歷史系，1980），頁21。

〔註77〕〈寧完我請譯四書武經通鑑奏（七月初一）〉，《天聰朝臣工奏議》，卷中，頁62。

（1635）三月，俘臣仇震所奏內云：「汗今好學，將書史盡皆譯寫金國字樣。」〔註 78〕而嘉慶朝禮親王昭槤（1776～1829）云：「崇德初，文皇帝患國人不識漢字，罔知治體，乃命達文成公海翻譯國語《四書》及《三國志》各一部，頒賜耆舊，以為臨政規範。」〔註 79〕所述年代有些疑問，據《滿文老檔》載，達海逝於天聰六年（1632），何以至崇德年復甦？此應為天聰朝之事。雖然《滿文老檔》記載達海方譯《孟子》未竟而卒，他人仍可繼續完成。依仇震所云皇太極「將書史盡皆譯寫金國字樣」，有可能在天聰朝已繙譯了《四書》。

滿人入關之後，一切典章制度大多沿襲明朝舊制，既可穩定民心，又易步上軌道。順治二年（1645）四月，山西學政孫肇興上奏提及當時情況：

> ……今荷聖恩衡文三晉，深知朝廷需人，即於途次行文催考恩歲兩貢，及國學貢監正在拮据，更念三晉多□寇禍災傷，職復值時遇事迫，歷試各府科舉生儒，往回叁千餘里，奔走不遑，恐未能櫛比批閱試文，多方盡法作養，有負上樸棫盛心，爲惶懼無地耳。其職素有講明《四書》刻本，舊年爲寇焚毀。今一面刻布，容一面另疏，請布學宮。……〔註 80〕

明末清初，社會動蕩不安，寇禍兵亂人才盡失，初掌政權的清廷急需人才，除了薦舉之外，仍延續明代科舉之法取士。重要的是意義是廣布學宮培育人才，仍以《四書》為教材，科舉考試亦以《四書》來命題，接續了元明以來以《四書》為主流的教育方針。而滿人以異族身份成為中國皇帝，不能不知漢人耳熟能詳的《四書》內容為何。為了解漢地多數人的思想，並延續滿文傳承不至中斷，而將《四書》譯為滿文。

三、滿文繙譯《四書》之版本

自清太祖努爾哈齊時期創製滿文後，到了皇太極時代，始知有《四書》之名。因《朝鮮仁祖實錄》中記載，金國汗來書云：「聞貴國有金元所譯《詩》、《書》等經及《四書》，敬求一覽，惟冀概然。」此事在明崇禎元年（1628）十二月，即天聰二年，彼時金國向朝鮮求書，實因金國無書之故。〔註 81〕承

〔註 78〕《史語所藏內閣大庫檔案》，166505-001。

〔註 79〕（清）昭槤，《嘯亭續錄》卷 1，翻書房條。

〔註 80〕《史語所藏內閣大庫檔案》，086446-001。

〔註 81〕李光濤，〈清太宗與〔三國演義〕〉，收入《明清檔案論文集》（臺北：聯經，1986），頁 443～444。

前所述，《四書》早於皇太極時代既已繙譯，惟達海逝於天聰六年（1632），《四書》之繙譯恐另有其人。至康熙朝，因日講之故彙集講章而成《日講四書解義》，此時期所用滿文譯本《四書》，係早期繙譯之版本，一直到乾隆朝，始有《御製繙譯四書》。學者徐莉在〈清代滿文四書版本研究〉一文中，將大陸現藏滿文繙譯《四書》版本一一列舉，以下製表說明。

表 2-2　大陸地區現藏滿文譯本《四書》之版本

版 本	書 名	卷數	形 式	時 間	現 藏 地
聽松樓刻玉樹堂印本	新刻滿漢字四書	5 冊	滿漢合璧	康熙三十年（1691）	中央民族大學圖書館、大連圖書館
武英殿刻本	御製繙譯四書	6 卷	滿文	乾隆六年（1741）	中國國家圖書館、北京故宮博物院圖書館、中央民族大學圖書館、遼寧省圖書館、大連圖書館
武英殿刻本	御製繙譯四書	6 卷	滿漢合璧	乾隆二十年（1755）	北京故宮博物院圖書館、遼寧省圖書館
三槐堂刻本	御製繙譯四書	6 卷	滿漢合璧	乾隆二十年（1755）	中國國家圖書館、中央民族大學圖書館、內蒙古社會科學院圖書館
二酉堂刻本	御製繙譯四書	6 卷	滿漢合璧	乾隆二十年（1755）	中國第一歷史檔案館、吉林省圖書館
保翠齋刻本	三合四書	6 卷	滿蒙漢合璧	乾隆二十年（1755）	中國社會科學院民族學與人類學研究所圖書館
刻本	御製繙譯四書	6 卷	滿蒙漢合璧	乾隆二十年（1755）	首都圖書館、中央民族大學圖書館、中國民族圖書館、內蒙古自治區圖書館、吉林師範大學圖書館
武英殿刻本	御製繙譯四書	6 卷	滿漢合璧	乾隆年間	中國國家圖書館、中央民族大學圖書館、遼寧大學圖書館、南京博物院圖書館
續刻本	御製繙譯四書	6 卷	滿漢合璧	乾隆年間	中國國家圖書館、首都圖書館、中國科學院文獻情報中心、北京故宮博物院圖書館、中國第一歷史檔案館、雍和宮、內蒙古師範大學圖書館、南京圖書館
聚珍堂刻本	四書	6 卷	滿漢合璧	乾隆年間	民族圖書館、內蒙古社會科學院圖書館

廣州駐防官學刻本	四書	6 卷	滿漢合璧	道光二十七年（1837）	中國國家圖書館
成都駐防八旗官學刻本	御製繙譯四書	6 卷	滿漢合璧	光緒四年（1878）	中央民族大學圖書館
京都聚珍堂重刻本	御製繙譯四書	6 卷	滿漢合璧	光緒十四年（1888）	中國國家圖書館、首都圖書館、清華大學圖書館、中央民族大學、中國社會科學院民族學與人類學研究所圖書館、中國第一歷史檔案館、內蒙古師範大學圖書館、甘肅省圖書館、新疆大學圖書館、遼寧省圖書館、遼寧大學圖書館、齊齊哈爾市圖書館
荊州駐防積古齋徐楚善刻本	御製繙譯四書	6 卷	滿漢合璧	光緒十六年（1890）	中國民族圖書館
荊州駐防繙譯總學重刻本	御製繙譯四書	6 卷	滿漢合璧	光緒十六年（1890）	中國國家圖書館、首都圖書館、清華大學圖書館、中央民族大學圖書館、上海市圖書館、湖北市荊州地區圖書館
刻本	御製繙譯四書	6 卷	滿蒙漢合璧	光緒十八年（1892）	中國國家圖書館、首都圖書館、中央民族大學圖書館、中國科學院文獻情報中心、內蒙古大學圖書館
寶名堂刻本	御製繙譯四書	6 卷	滿漢合璧	乾隆二十年（1755）	中國國家圖書館、中央民族大學、遼寧省圖書館、吉林市圖書館
京都文光堂刻本	御製繙譯四書	6 卷	滿漢合璧		瀋陽故宮圖書館
京都名貴堂刻本	御製繙譯四書	6 卷	滿漢合璧		內蒙古師範大學圖書館
京都聖經博古堂刻本	御製繙譯四書	6 卷	滿漢合璧		雍和宮、大連圖書館
刻本	御製繙譯四書	6 卷	滿漢合璧		中國國家圖書館、吉林省圖書館、大連市圖書館、齊齊哈爾市圖書館
文津閣四庫全書抄本	御製繙譯四書		滿漢合璧		

寫本	御製繙譯四書		滿漢合璧		北京故宮圖書館
寫本	御製繙譯四書		滿蒙漢合璧		中國第一歷史檔案館

資料來源：徐莉，〈清代滿文四書版本研究〉，《民族翻譯》，2015 年第 4 期（總第 97 期），頁 65～71。

由表中看來，大陸地區目前所見中央民族大學圖書館、大連圖書館典藏之《新刻滿漢字四書》，應是現存最早版本，屬康熙朝以前之譯本。而乾隆六年（1741）武英殿刊刻滿文本《御製繙譯四書》，應是乾隆帝命鄂爾泰第一次釐定之版本。乾隆二十年（1755）武英殿刻滿漢合璧《御製繙譯四書》，則是「欽定清語」後之版本。此後歷朝翻刻，皆據乾隆二十年（1755）滿漢合璧版。而檢視乾隆朝之版本須留意，若遇「弘」字缺末筆，爲乾隆二十八年（1763）以後爲避諱御名重刻之版本（見第四章第三節論述）。

臺灣地區現存與滿文繙譯《四書》有關之典籍，完整者皆藏於臺北國立故宮博物院，其中《御製繙譯四書》有兩套，各六卷六冊，爲乾隆二十年清高宗敕譯之滿漢合璧本，以及未載年份，清高宗敕譯之內府刊滿文本《四書》，六卷六冊。另有滿文刻本《四書講章》二十七冊，譯者不詳；康熙十六年（1677）內府刻滿文本《日講四書解義》，共二十六卷二十六冊。〔註 82〕而中央研究院歷史語言研究所有滿漢合璧刻本《大學》殘本，自「所謂修身在正其心者」（傳之七章）至「此謂國不以利爲利，以義爲利也。」（傳之十章），經比對與《欽定四庫全書》所收錄之寫本《御製繙譯大學》內容相同，應是翻刻自乾隆二十年（1755）之版本，可惜大多散佚，僅存三章完整。

國外部分較難詳悉，大略可知俄羅斯聖彼得堡謝德林圖書館藏有滿漢合璧刻本《御製繙譯四書》、滿漢合璧刻本朱熹原撰《四書集注》、拉薩哩等撰滿文刻本《日講四書解義》，〔註 83〕日本東洋文庫藏有《御製繙譯四書》。〔註 84〕而《世界滿文文獻目錄》中提及日本尚有滿漢合璧《四書》六冊、乾隆二十年（1755）本《御製繙譯四書》五冊、滿文本《四書集注》十三冊、滿漢合璧

〔註 82〕國立故宮博物院編印，《國立故宮博物院普通舊籍目錄》（臺北：國立故宮博物院，1970），頁 16。

〔註 83〕聶鴻音，〈謝德林圖書館收藏的滿文寫本和刻本〉，《滿語研究》，2004：1，頁 75。

〔註 84〕何溥瀅，〈日本收藏滿文文獻概述〉，《滿族研究》，1996：4，頁 88。

本《四書集注》十四冊，均未註明典藏地點。〔註 85〕近年來由於古籍數位典藏化，歐美各圖書館均開放線上閱覽，在網路上可以尋得德國柏林國家圖書館典藏之刻本《御製繙譯四書》，前有乾隆二十年（1755）御製序文，而法國國家圖書館藏有康熙朝之《清文日講四書解義》，可惜內文數位影像未全部放上，無法加以利用。

四、繙譯所據文本

乾隆朝《御製繙譯四書》另一個值得注意之問題，即譯文本身據何底本進行繙譯？經由書目排列順序及各書前序文之比對，可以明確得知《御製繙譯四書》是以朱熹《四書章句集注》爲底本進行繙譯。就書目排列順序而言，《四書章句集注》所列順序爲：《大學章句》、《中庸章句》、《論語集注》、《孟子集注》。而《御製繙譯四書》所列依次爲：《御製繙譯大學》、《御製繙譯中庸》、《御製繙譯論語》、《御製繙譯孟子》；兩者皆是以《大學》、《中庸》、《論語》、《孟子》爲序。

其次，就序文來比較，《御製繙譯四書》於每一書前均置序文，與《四書章句集注》一致，漢文內容亦相同，但略有差異，列表如下：

表 2-3　朱熹《四書章句集注》與《御製繙譯四書》序文比較

朱熹 《四書章句集注》	《御製繙譯四書》 han i araha ubaliyambuha duin bithe	二書序文漢文比較
〈大學章句序〉	〈大學章句序〉 amba tacin bithei fiyelen gisun i šutucin	《御製繙譯四書》序文末，缺「淳熙己酉二月甲子新安朱熹序」
〈中庸章句序〉	〈中庸章句序〉 an dulimba bithei fiyelen gisun i šutucin	《御製繙譯四書》序文末，缺「淳熙己酉春三月戊申新安朱熹序」
〈論語序說〉	〈論語序說〉 leolen gisuren bithei šutucin i gisun	兩者相同
〈孟子序說〉	〈孟子序說〉 mengdz bithei šutucin i gisun	兩者相同

資料來源：欽定四庫全書。

〔註 85〕富麗，《世界滿文文獻目錄》（北京：中國民族古文字研究會，1983），頁 178～181。

由上表可知，《御製繙譯四書》漢文所列四篇序文名稱、內容，與《四書章句集注》一致，明顯是以其爲底本進行繙譯，差異之處在於《御製繙譯四書》的〈大學章句序〉，文末滿漢文均少了「淳熙己酉二月甲子新安朱熹序」，而〈中庸章句序〉文末亦少了滿漢文「淳熙己酉春三月戊申新安朱熹序」。因此，在閱讀《御製繙譯四書》時，無論是從滿文或漢文進行閱讀，容易忽略此序作者原爲朱熹。而乾隆帝又親作〈御製繙譯四書序〉置首，使得「御製繙譯」之意義大於原書作者爲何人。特別是冠上「欽定」一詞，便成爲天下臣民必須遵奉之準則。在帝王無上崇高的時代，「御製繙譯」起了滿文標準化的作用。

本篇論文欲比較之文獻，爲《康熙起居注冊》、《清文日講四書解義》及乾隆朝之《御製繙譯四書》。因《御製繙譯四書》收錄於《欽定四庫全書》之中，成了流傳後世的標準範本。另一方面，滿漢官民皆須奉讀，此關乎考試、晉仕、陞遷之階梯。而乾隆朝以前，講解《四書》最詳盡之滿文譯本，則屬康熙朝之《清文日講四書解義》，此係日講制度施行以後結集的成果，然而在《清文日講四書解義》成書以前，滿漢文本《康熙起居注冊》中已詳細記載了講官姓名、講地、時間，以及每日進講篇章名。參酌《康熙起居注冊》中日講《四書》之滿文篇章名，再與《清文日講四書解義》、乾隆朝《御製繙譯四書》互相對照比較分析，有助於進一步了解滿文使用上之變化，從中探求所隱含的思想意涵，是以本文所取擇之文本如下：

表 2-4　本書分析文本使用之文獻

書　名	成書時間	纂輯者	卷、冊	語文	版 本
《康熙起居注冊》	康熙年間			滿文	
《日講四書解義》ineenggidari giyangnaha sy šu i jurgan be suhe bithe	康熙 16 年	喇薩里、陳廷敬等奉敕撰	26 卷	滿文	內府刻本
《御製繙譯四書》han i araha ubaliyambuha duin bithe	乾隆 20 年	乾隆帝敕譯	6 卷	滿漢合璧	武英殿刻本

資料來源：臺北國立故宮博物院。

雖然乾隆六年（1741）亦有鄂爾泰奉敕所譯之《四書》，但成爲後世奉行者，以乾隆二十年（1755）欽定本爲主，故宜採乾隆二十年（1755）釐定後之標準本，再與康熙朝文本對照，便可明顯看出此間差異。另一方面，由於印刷術之發明，帶動了知識上的傳播，至清代印刷術已相當發達，官刻、民刻圖書蔚爲風行；因此，同一書亦有不同版本傳世，《御製繙譯四書》便有「二酉堂」、「三槐堂」、「保翠齋」等版本。今日臺北國立故宮博物院所藏《康熙朝滿文起居注冊》、康熙十六年（1677）武英殿刊滿文本《日講四書解義》、乾隆二十年（1755）武英殿刊滿漢合璧本《御製繙譯四書》皆屬官刻，爲中央標準本，錯誤率低，宜優先考量採用。由一件清代公文檔案可知，乾隆九年（1744）五月十四日，禮部移會提及當時坊間書籍概況。文中轉述奉天學政之言：「奉天書肆所賣書籍多有舛訛，不堪誦讀。」因此呈請禮部頒發各學書籍。〔註 86〕是故，官刻之版實爲民間版本之指標，此係在無原始手寫本之情況下所取擇。當然，若有最初編纂之手寫本，其價值又在印刷本之上了。學者徐莉於〈滿文《四書》修訂稿本及其價值〉中提到，中國第一歷史檔案館藏有《四書》滿文譯文修訂稿本三十件，部分貼有修改意見黃簽及乾隆帝朱筆批改字跡。《御製繙譯四書》自刊刻頒行後，道光、光緒年間皆以此爲藍本，內容上未再修改。〔註 87〕由於滿文《四書》修訂稿本目前無法借閱，暫且擱置，改以《四庫全書》中之乾隆朝《御製繙譯四書》，與康熙朝之滿文比較，亦可看出滿文釐定前後使用上之差異。

〔註 86〕《史語所藏內閣大庫檔案》，106633-001。

〔註 87〕徐莉，〈滿文《四書》修訂稿本及其價值〉，《滿語研究》，2008 年 1 期（總第 46 期），頁 64～65。

第三章　康熙朝《日講四書解義》由來

第一節　清朝的經筵日講

滿洲皇帝對於儒家思想之尊崇，經筵日講實擔任著重要橋樑。滿人入關後，大多遵循明朝舊有制度，在儒臣不斷地勸請下，始施行經筵日講之制。經筵日講於中國由來甚久，乃廷臣專爲皇帝講授經史，使學習治國政術之御前講習。漢昭帝幼年即位，輔臣選碩儒講學於御前；宣帝時命諸儒講授五經。至唐，玄宗設集賢院日講經史；宋眞宗時於崇政殿立說書之制，講畢賜講官酒飯筵席，稱爲「經筵」；至明英宗正統元年（1436），始爲定制。〔註 1〕清沿明制，然經筵與日講實爲兩種不同之制度，經筵爲定期舉行之國家大典，或每旬、每月，或兼旬、春秋舉辦一次，儀節繁複愼重，講畢賜宴。日講則無繁文縟節，講畢賜茶。史語所藏內閣大庫檔案一件禮部奏摺，詳細記載了清代經筵大典如何進行。

> 恭照本年二月初三日巳時舉行經筵禮儀，是日滿漢講官及侍班內閣滿漢大學士、六部滿漢尚書、侍郎，都察院、通政司、大理寺、詹事府滿漢堂官各一員，侍儀滿漢給事中各一員，御史各一員，各具鮮明袍服、補服，至文華殿丹墀兩旁序立。臣部鴻臚寺官員，預設皇上書案及講官講案，翰林院官將御覽講章正本及講官所講副本預設案上，《四書》講章在左，經講章在右，俟陳設畢。至時，臣部堂官奏請皇上御常服乘輿出宮，前引大臣二員導引，由後左門出左翼門，詣文華殿。皇上于殿前丹陛上降輿，陞寶座。各大臣官員聽鴻臚寺鳴贊官贊行二跪六叩頭禮，各退立原班。鴻臚寺堂官兩旁各

〔註 1〕宋秉仁，〈明代的經筵日講〉，《史耘》第 2 期，1996 年 9 月。

一員，引各官由左右堦進殿內，各按部院衙門兩旁序立，滿講官於東邊柱前立，漢講官於西邊柱前立，其侍儀科道官于殿內兩旁東西相向侍立，鴻臚寺鳴贊官贊進講，講官各從原班出，進至講案前，行一跪三叩頭禮，退立原班。先滿官進前講《四書》，次漢官講《四書》，次滿官進前講經，次漢官講經。講畢，退立原班；鴻臚寺堂官引殿內各官至丹墀兩旁排立，聽鳴贊官贊行二跪六叩頭禮。禮畢，進殿列班，行一跪一叩禮，坐殿內。起居注翰林各於原立處行一跪一叩禮，序坐。賜茶畢，出丹墀，兩旁排立。臣部堂官奏經筵禮畢，皇上乘輿還宮，翰林院恭進講章正本，交內監收進，眾皆退。〔註2〕

由上可知，經筵禮儀甚爲繁瑣，其目的無非要藉此愼重儀式尊崇儒術。當中值得注意之處，即進講時由滿官先講，次漢官，所講內容均爲《四書》及經籍。至於講章之預備，據〈翰林院事宜單〉載：

經筵：禮部題定日期，本衙門奏派講官滿漢各二員，同講官擬題請旨撰擬講章，繕寫清漢文進呈，接御論繙譯清文再進呈。講畢，執事人員敬將講章、御論送內。〔註3〕

故知講章是由所派之講官撰寫，須先擬定題目向皇帝請示，待題目決定後才能撰寫講章，滿漢講官所寫之滿漢文講章要進呈皇帝過目，等接到皇帝以漢文書寫的意見論說，再繙譯成滿文進呈請示。經筵大典結束後，講章及御論均要收藏。《養吉齋叢錄》亦云：

經筵講義，由翰林院衙門擬進題目，欽點某題，由講官撰文。直講官先時熟讀講案，雖設副本，恐臨時息遽，易有脫誤也。先《四書》，後經書。滿直講官先以清語進講畢，漢直講官繼之。上乃宣御論，各官跪聆，起居注官亦跪，凡二次。凡講官宣講，依原文朗誦，不增減一字，而音節之間抑揚反復，宜得講論口吻。遇稱「皇上」，必仰對聖顏，以示陳善閉邪、寓規於頌之意。是日講官袍用蟒袖。〔註4〕

可知進講程序爲滿講官、漢講官，之後皇帝宣講御論，百官跪聆。而講官所講之內容非臨場發揮，均依講章宣讀，不增一字，不減一字，且要抑揚頓挫、

〔註2〕《史語所藏內閣大庫檔案》，123956-001。
〔註3〕《史語所藏內閣大庫檔案》，148144-001。
〔註4〕（清）吳振棫，《養吉齋叢錄》，卷5。

高低起伏。遇有稱「皇上」之處，還必須擡頭看著皇帝，不能只顧低頭誦文，須留意之細節不少。反觀日講，即簡單多了。

> 講官至乾清門，候諸臣奏事畢，內侍傳入。南向設御座，北向設講官席。講官入，侍從咸退。講官再拜，北向立，敷陳經義，時有諮詢。既退，賜茶於乾清門右。〔註5〕

然而有清一代，最早提出建議實施日講者，可能是皇太極時期的俘臣仇震。史語所藏內閣大庫檔案中，天聰九年（1635）三月二十五日，即有原任明都督僉事俘臣仇震上奏建言五事，第一事爲：

> 一曰譯書史，簡明以便睿覽。古來明聖帝王莫不勤好書史，汗今好學，將書史盡皆譯寫金國字樣，誠天縱聰明，堯舜再見。但人君之學與眾人之學不同，眾人之學在章句，人君之學在精要。古人云：務博不如務約。即中國宿儒，亦皆選精要，專用工夫；況國君機務甚多，精神有限，何能傍及煩史？昔唐太宗集古今書史，凡係君道國事者編爲一冊，名曰《君鑑》；日夜披覽，成眞（貞）觀之盛治，後世法之。今汗宜選漢人通經史者二三人，金人知字法者三四人，將各經史通鑑，擇其精要有俾君道者集爲一部，日日講明；則一句可包十句，一章可并十章。此舉約該博，執要貫煩之法，工夫極簡明便易，聖心一覽便知道理，如在目前，五帝三王不能過也。〔註6〕

文中提及「國君機務甚多，精神有限」，不如「選漢人通經史者二三人，金人知字法者三四人，將各經史通鑑，擇其精要有俾君道者集爲一部，日日講明。」仿效唐太宗，知其道理，成貞觀盛治。其所言「日日講明」，即是指「日講」。

入關後第一位皇帝順治，年僅六歲，由多爾袞、濟爾哈朗輔政。亦有多人勸請學習，率先發言者爲都察院承政公滿達海，其言：

> 今皇上聰明天縱，年尚幼沖，若不及時勤學，則古今興廢之道無由而知，宜愼選博學明經之端人正士置諸左右，朝夕講論，以資啓沃。〔註7〕

然多爾袞以「上方幼沖，尙須遲一、二年」爲由，暫且擱置。此時亦因平定

〔註5〕（清）吳振棫，《養吉齋叢錄》，卷5。

〔註6〕《史語所藏內閣大庫檔案》，166505-001。

〔註7〕《清實錄・世祖章皇帝實錄》，卷3，順治元年正月十八日。

各地反抗勢力無暇兼顧。然而順治帝親政後，漢官又多次建言，均未落實，雖順治十年（1653）四月曾諭禮部，提出「國家崇儒重道」之方針，〔註8〕直至順治十二年（1655）正月二十七日，大理寺少卿霍達建言之後，才使順治帝定下「興文教、崇經術」的決策，三月二十七日諭禮部：

> 朕惟帝王敷治，文教是先。臣子致君，經術爲本。自明季擾亂，日尋干戈，學問之道，闕焉未講。今天下漸定，朕將興文教、崇經術，以開太平。爾部即傳諭直省學臣，訓督士子，凡經學道德經濟典故諸書，務須研求淹貫，博古通今，明體則爲眞儒，達用則爲良吏，果有此等實學，朕當不次簡拔，重加任用。又念先賢之訓，仕優則學，仍傳諭內外大小各官，政事之暇，亦須留心學問，俾德業日修，識見益廣，佐朕右文之治。〔註9〕

所諭與霍達勸請日講之題本不無關係，霍達言：「自古帝王之治天下，不在隨事以補苴，惟在正心以澄源，而正心之道端在勉學。」以及「君心爲萬化之原，問學爲致治之本」等。「問學」、「勉學」，強調學以成文治，已深植順治帝心。霍達之題本言辭懇切、譬喻恰當，雖《清實錄》亦有述及，然原件今存中央研究院歷史語言研究所（以下簡稱史語所），更能一窺原始面貌，茲擇其文中要言如下：

> 我皇上春秋鼎盛，政當及時力學之時，則日講之官不可不專設，日講之事不可不急急舉行矣。臣見皇上萬幾之餘不忘射獵，是治安不忘武備也。射獵之暇即親書史，是武功又佐以文德也。然學必有要領，工不宜泛用，誠取《大學》、《論語》、《尚書》、《詩》之〈雅〉〈頌〉，令講官日講一、二章，並取《帝鑒圖說》，唐之《貞觀政要》，宋臣眞德秀之《大學衍義》諸書，亦日講一、二章。皇上精思而明辨之，躬體而力行之，不徒以章句之文空費精神，不徒以繙閱之勤虛擲歲月，則學有實用，於以追踪二帝、三王，坐致太平，有餘裕矣。〔註10〕

其中霍達建言日講《尚書》及《詩》之〈雅〉、〈頌〉之處，於乾隆朝重修之《清實錄》節略原文，盡行刪去，可知《清實錄》不宜盡信。由是建議，順治帝加以採納，諭內三院：

〔註8〕《清實錄・世祖章皇帝實錄》，卷74，順治十年四月十九日。
〔註9〕《清實錄・世祖章皇帝實錄》，卷90，順治十二年三月二十七日。
〔註10〕《史語所藏內閣大庫檔案》，036566-001。

朕惟自古帝王勵學圖治，必舉經筵、日講，以資啓沃。今經筵已定於文華殿告成之日舉行，日講深有裨益，刻不宜緩。爾等即選滿漢詞臣學問淹博者八員，以原銜充日講官，侍朕左右，以備咨詢。仍傳諭禮部，速擇開講吉日以聞。〔註11〕

其勵學圖治之決心付諸行動，四月以學士麻勒吉、胡兆龍、李霨，侍讀學士折庫納、洗馬王熙、左中允方懸成、右中允曹本榮充日講官，擇於二十五日開講。〔註 12〕而經筵大典因文華殿工程緩慢，遲至順治十四年（1657）九月初七日，始易地保和殿舉行。〔註 13〕由是清代自順治帝起，正式執行經筵、日講之制。

然而順治帝並不因皇太極以來之「崇儒重道」政策，而減少其對道家典籍的偏愛。順治十三年（1656）二月初一日，撰成《御注道德經》並親爲序，〔註14〕序云：

朕聞道者，先天地而爲萬物宗，生生化化，莫得而名者也。惟至人凝道於身，故其德爲玄德，而其言爲聖言。老子道貫天人，德超品彙，著書五千餘言，明清淨無爲之旨。然其切於身心，明於倫物，世固鮮能知之也。嘗觀其告孔子曰：「爲人子者，無以有己。爲人臣者，無以有己。」而仲尼答曾子之問禮，每曰：「吾聞諸老聃。」豈非以人能清淨無爲，則忠孝油然而生，禮樂合同而化乎？猶龍之嘆，良有以也。自河上公而後，註者甚眾，或以爲修煉，或以爲權謀，斯皆以小智窺測聖人，失其意矣。開元、洪武之註，雖各有發明，亦未彰全旨。朕以聖言玄遠，末學多岐，茍不折以理衷，恐益滋譌，用是博參眾說，芟繁去支，釐爲一註，理取其簡而明，辭取其約而達，未知於經意果有合否？然老子之書，原非虛無寂滅之說、權謀術數之談。是註也，於日用常行之理，治心治國之道，或亦不相徑庭也。爰序諸簡端，以明大旨云。〔註15〕

〔註11〕《清實錄・世祖章皇帝實錄》，卷 91，順治十二年三月二十八日。

〔註12〕《清實錄・世祖章皇帝實錄》，卷 91，順治十二年四月初九日。

〔註13〕《清實錄・世祖章皇帝實錄》，卷 111，順治十四年八月二十二日。

〔註14〕《御注道德經》序末云：「順治十有三年歲次丙申仲春朔日序」，可知成書至少在順治十三年，二月初一日作序，而《清實錄》卻未見記載，同年編《通鑑全書》、《孝經衍義》等皆有記錄。

〔註15〕（清）世祖，〈御注道德經序〉，收入《故宮珍本叢刊》第 525 冊，子部・道家（海口：海南出版社，2001 年），頁 1～2。

順治帝以爲老子所述之「道」並非「虛無寂滅之說、權謀術數之談」，歷來注家皆失其旨，故親爲之注，闡明斯「道」。而孔子聞禮於老子，即是「人能清淨無爲，則忠孝油然而生，禮樂合同而化」，是故老子所述之「道」，對於「日用常行之理、治心治國之道」，並無差異，順治帝頗有心神嚮往之意。此舉令當時之儒臣甚爲焦慮，是故《清實錄》記載吏科給事中王啓祚於當月二十八日〔註16〕建言：

> 皇上博覽群書，內院諸臣繙譯不給。但臣聞自古帝王雖孜孜好學，要不過講明修齊治平之道而止，非若文人之習，以誇多鬥靡爲長也。故卷帙雖極浩繁，而閱者無多；百家雖有異同，而采者蓋寡。無論其無補於治道，正以皇上之身，萬幾待理，必時加愛養，以迓無疆之休。請自今除四書五經，以及《資治通鑒》、《貞觀政要》、《大學衍義》有關政治者，時令日講諸臣進講外，其餘姑且緩之。精神不泛用則益固，智慮不旁分則益專。明良喜起，庶績咸熙，亦可以優遊而坐致隆理矣。〔註17〕

然而《清實錄》對於順治帝所作《御注道德經》卻未提一字，可見有意隱諱。依此看來，順治帝即使對老子思想感興趣，也爲儒臣們所阻止，認爲無益於治道，而要日講諸臣進講四書五經與史籍，使得道家思想從此退出政治勢力範圍。

第二節　康熙朝日講及成書

順治帝駕崩後，遺詔命滿洲內大臣索尼、蘇克薩哈、遏必隆、鰲拜爲輔臣，〔註18〕四大臣掌權之際，以滿人「漸習漢俗」，宜重返「淳樸舊制」爲由，撤銷翰林院、廢除科舉取士制度，罷黜主張推行漢人文化政策官員。康熙六年（1667）七月初七日，康熙帝親政頒詔天下，〔註19〕時年十四歲。康熙八年（1669）五月，順利翦除以鰲拜爲首之守舊勢力。據《清實錄》記載，

〔註16〕關於吏科給事中王啓祚上奏日期，《清實錄》列於順治十二年二月丙子日後，丁丑日前，推爲二十七或二十八日具奏，恰巧史語所藏內閣大庫檔案收錄此一原件，登錄號：036532-001，日期詳載順治十二年二月二十八日，可補《清實錄》之不足。

〔註17〕《清實錄・世祖章皇帝實錄》，卷98，順治十三年二月二十七日。

〔註18〕《史語所藏內閣大庫檔案》，294445-003。

〔註19〕《史語所藏內閣大庫檔案》，104782-001。

鰲拜行徑十分囂張，甚且欺凌尚無實權之小皇帝。康熙帝言：

> 前工部尚書員缺，鰲拜以朕素不知之濟世，妄稱才能推補，通同結黨，以欺朕躬。又，奏稱户部尚書缺，太宗文皇帝時設有二員，今亦應補授二員，將馬邇賽狥情補用。又，鰲拜於朕前辦事，不求當理，稍有拂意之處，即將部臣叱喝。又，引見時，鰲拜在朕前，理宜聲氣和平，乃施威震眾，高聲喝問。又，科道官員條奏，鰲拜屢請禁止，恐身干物議，閉塞言路。又，凡用人行政，鰲拜欺朕專權，恣意妄爲，文武各官，盡出伊門下，内外用伊奸黨，大失天下之望。〔註 20〕

可知鰲拜無所忌憚，朝中皆所結黨，故敢於年輕皇帝面前大聲叱喝部臣、官員，全然不把皇帝放在眼裏，令有名無實之康熙帝情何以堪。因此，於康熙八年（1669）五月初十日即擒拿鰲拜，〔註 21〕接著公佈三十大罪狀，將其家族、黨徒一一處置。取得政權後，康熙帝於九年（1670）十月十三日諭禮部：

> 帝王圖治必稽古典學，以資啓沃之益。經筵、日講允屬大典，宜即舉行。爾部詳察典例，擇吉具儀來奏，特諭。〔註 22〕

緊接著康熙十年（1671）二月初四日，命吏部尚書黃機、刑部尚書馮溥、工部尚書王熙、左都御史明珠、翰林院掌院學士折庫納、熊賜履等十六人爲經筵講官。三月初二日，命翰林院掌院學士折庫納、熊賜履，及侍讀學士、侍讀、修撰、編修等十人爲日講官。三月十七日首開經筵，四月初十日進行日講。

康熙帝十分好學，嘗言：「朕自沖齡至今，六十年來未嘗少輟經書。」〔註 23〕由史語所現存未經潤色的康熙朝《起居注稿》可知，康熙十二年（1673）二月初七日，其言曰：

> 人主臨御天下，建極綏猷，未有不以講學明理爲先務。朕聽政之暇，即於宮中披閱典籍，殊覺義理無窮，樂此不疲。向來隔日進講，朕心猶爲未足，嗣後爾等須日侍講讀，闡發書旨，爲學之功，庶可無間。〔註 24〕

〔註 20〕《清實錄・聖祖仁皇帝實錄》，卷 29，康熙八年五月十六日。

〔註 21〕白新良，〈康熙擒鰲拜時間考〉，《滿族研究》，2005 年第 3 期，頁 74～77。

〔註 22〕《史語所藏内閣大庫檔案》，278678-024。

〔註 23〕《康熙政要》，卷 16。

〔註 24〕《史語所藏内閣大庫檔案》，167007-001。

康熙帝體會到從典籍中探求義理之趣味無窮，甚且不滿足，將原本隔日進講改成日日講授。又諭傅達禮：「學問之道，必無間斷，方有裨益，以後雖寒暑不必輟講。」〔註 25〕因此，自康熙十二年（1673）以後，日講不以冬至、夏至為限。〔註 26〕如此日日宣講學習，日積月累潛移默化之功，不容小覷。

關於日講之時間、講章安排如下，以康熙十二年（1673）九月十八日《起居注稿》為例：

> 十八日，甲申。早，上御乾清門，聽部院各衙門官員面奏政事。辰時，上御弘德殿，講官熊賜履、喇沙里、孫在豐進講〈子路曰：衛君待子而為政〉一章。巳時，上詣太皇太后、皇太后宮問安。本日起居注官：胡密子、孫在豐。〔註 27〕

康熙帝大致每日固定在辰時（上午七點至九點）開始日講，由講官先撰講章，依內容長短決定章數，或一章，二、三章不等。其寒暑不輟日講，勤學程度無人能及。至十四年（1675）四月二十三日，嘗試改變學習方法，待講官講畢，親自覆講一次，理由在於：

> 日講原期有益身心，加進學問。今止講官進講，朕不覆講，則但循舊例，漸至日久將成故事，不惟于學問之道無益，亦非所以為法于後世也。自後進講時，講官講畢，朕仍覆講，如此互相講論，方可有裨實學。〔註 28〕

至十六年（1677）四月，其學問日益增進，已能十足掌握，便欲試著親講。十四日，對講官說道：「朕先親講一次，然後進講。」講官們恭敬聽完，喇沙里等回答：「皇上天語朗徹，義理曉暢，足徵聖學高深，非臣等所能仰窺萬一。恭聽之下，臣等不勝欣慶。」〔註 29〕雖然恭維的成份居多，但也鼓舞了康熙帝，五月份皆改為親講在前，講官講解在後。日講制度之實施，自康熙十年（1671）四月初十日開始，至康熙十六年（1677）五月為止，足足跨越六個年頭。到底康熙帝之學問如何？六月初五日，他要求講官任舉一章，由他講解。講官提〈子曰：舜其大知也與〉章，康熙帝果然講論精微，義理

〔註 25〕《康熙起居注冊》，康熙十二年五月初三日。
〔註 26〕（清）吳振棫，《養吉齋叢錄》，卷 5。
〔註 27〕《史語所藏內閣大庫檔案》，161206-001。
〔註 28〕《康熙起居注冊》，康熙十四年四月二十三日。
〔註 29〕《康熙起居注冊》，康熙十四年四月十四日。

融貫。〔註30〕此雖不足證明，但《養吉齋叢錄》中提及：

> 聖祖嘗幸南書房，問諸臣：「《論語》『柳下惠』注云：『食邑柳下』。《孟子》『柳下惠』注云：『居柳下』。一名而異注，何也？」眾無以應。此毛西河聞之益都馮相公者。又言，入直時有詞臣進頌，用「貧樂好禮」，對句不敵，旁一臣引《坊記》「貧而好樂，富而好禮」正之。聖祖云：「不然。《史記・弟子傳》、《後漢東平王論》，皆作『貧而好道，富而好禮』，比偶固悉敵也。」羣臣皆驚歎，以爲聖學淵洽不可及。〔註31〕

康熙帝能思索細辨諸經注解差異，又熟知史籍加以引證糾正，在於其勤學不輟、追根究柢之精神，終使學問更趨精深淵博，對於一個滿人而言，能將他族之文化、語文掌握至此程度，尤屬不易。除勤勉工夫外，天縱之聖，亦有以致之。而其日講最勤，寒暑不輟，「歲終，將一年講義，彙集繕寫，裝潢奏進。」〔註32〕故有康熙十六年（1677）《日講四書解義》之成書。

第三節　日講官與君臣對話

由於日講制度之實施，開啓了君臣之間頻繁的對話，帶來彼此思想上之交流與啓發。《日講四書解義》中所記載者，即是講官們理解經義後所抒發之思想，因此有必要了解日講官之背景。據《起居注冊》記載，康熙朝參與日講《四書》之講官共十二位，依時間先後順序統計列表如下：

表3-1　日講官進講《四書》統計

日講官	起訖日期（康熙）	進講次數	講授範圍（書名）
熊賜履	11/4/15～14/3/26	176	《論語》、《大學》、《中庸》、《孟子》
孫在豐	11/4/15～15/5/5	264	《論語》、《大學》、《中庸》、《孟子》
史大成	11/4/19～11/10/28	30	《論語》
傅達禮	11/4/28～14/11/1	109	《論語》、《孟子》
杜臻	11/10/16～11/10/20	3	《論語》

〔註30〕《康熙起居注冊》，康熙十四年六月初五日。
〔註31〕（清）吳振棫，《養吉齋叢錄》，卷3。
〔註32〕（清）吳振棫，《養吉齋叢錄》，卷5。

喇沙里	12/3/22～16/11/23	251	《論語》、《大學》、《中庸》、《孟子》
史鶴齡	12/4/18～12/4/26	7	《論語》
張英	12/4/19～16/11/23	163	《論語》、《中庸》、《孟子》
李仙根	12/5/13～12/5/15	3	《論語》
徐元文	15/10/17～15/11/12	9	《孟子》
陳廷敬	16/3/8～16/11/23	75	《孟子》
葉方藹	16/4/6～16/11/23	70	《孟子》

資料來源：《康熙起居注冊》。

由表中可知，講授最多的是孫在豐，共 264 次；其次爲喇沙里 251 次，熊賜履 176 次，張英 163 次，傅達禮 109 次，陳廷敬 75 次，葉方藹 70 次，史大成 30 次，徐元文 9 次，史鶴齡 7 次，杜臻與李仙根各 5 次。而陳廷敬、葉方藹在往後之《五經》講授亦常出現，故不能以進講《四書》次數少即認爲不重要。此十二人之相關簡歷如下：

一、熊賜履（1635～1709）

熊賜履，字敬修，湖北孝感縣人。順治十五年（1658）進士，選爲庶吉士，任職檢討，遷國子監司業，進弘文院侍讀。康熙六年（1667），熊賜履上疏幾萬言，時輔臣鼇拜專政，惡之，欲治以妄言罪，康熙帝不允。七年（1668）任秘書院侍讀學士，後陞國史院學士、翰林院學士、經筵講官。十四年（1675）陞內閣學士，授武英殿大學士兼刑部尚書。十五年（1676）因嚼簽案免官，二十七年（1688）復起爲禮部尚書。三十一年（1692）調任吏部尚書，三十八年（1699）任東閣大學士兼吏部尚書及《平定朔漠方略》和《明史》總裁官。四十二年（1703）四月，熊賜履以年老請求休致，康熙帝命以原官卸任，仍受俸祿留京以備顧問。四十五年（1706），熊賜履回至江寧。四十八年（1709）八月病逝，年七十五歲，謚曰文端。著有《經義齋集》、《閑道錄》、《學統》、《澡修堂集》、《下學堂箚記》、《樸園邇語》等。

康熙帝即位後，未舉行經筵，熊賜履特具疏請之，並請設起居注官。九年（1670），擢國史院學士。不久，復內閣，設翰林院，以其爲掌院學士。舉行經筵日講，即以熊賜履爲講官，藉著日講，向康熙帝宣揚儒家思想，其核心即是內聖外王之道，從而確立道統即治統，爲滿人統治中國，尋得一條合理之出路。

二、孫在豐（1644～1689）

孫在豐，字屺瞻，浙江德清人。康熙九年（1670）庚戌科一甲二名進士，三月，授翰林院編修。十年（1671）三月，充日講官。十一年（1672）十月，爲順天武鄉試正考官。二十年（1681）二月，充日講起居注官。二十二年（1683）十二月，調翰林院掌院學士兼禮部侍郎，又充經筵講官。二十三年（1684）正月，充日講起居注官。二十五年（1686）三月，爲工部右侍郎，二十六年（1687）十一月轉左侍郎；二十八年（1689）五月，爲內閣學士兼禮部侍郎，不久辭世，年僅四十六歲。

日講官當中，以孫在豐進講次數最多，自康熙十一年（1672）四月十五日起至十五年（1676）五月初五日，四年內多達264次，範圍遍及《四書》。著有《扈從筆記》、《東巡日記》、《下河集思錄》、《尊道堂詩文》，《下河集思錄》、《尊道堂詩文》等。

三、史大成（1613～1676）

史大成，字及超，浙江鄞縣人。順治十二年（1655）殿試，讀卷官擬置第三，順治帝見其卷大爲欣賞，欽定進士第一，授翰林院修撰，爲清代浙江第一位狀元。歷任翰林學士、禮部右侍郎。後以疾歸里，年六十四卒。其性格敦厚，愛好詩文，著有《八行堂詩文集》。

由表中可知，史大成自康熙十一年（1672）四月十九日至十月二十八日，爲期六個月，共參與日講30次，主要是《論語》的部分。

四、傅達禮（？～1675）

傅達禮，滿洲正黃旗人，姓吳雅氏。由主事洊陞員外郎、郎中。康熙六年（1667）授內秘書院侍讀學士。康熙十年（1671）正月改爲翰林院侍讀學士。二月，充經筵講官，不久又任日講起居注官。十二月，擢掌院學士，兼禮部侍郎。康熙十一年（1672）正月，任教習庶吉士。

康熙十二年（1673）四月，康熙帝命他編纂滿字書，諭曰：

> 滿、漢文義，照字繙譯，可通用者甚多。後生子弟，漸至差謬。爾任翰林院掌院，可將滿語照漢文字彙發明，某字應如何用，某字當某處用，集成一書，使有益於後學。此書不必太急，宜詳愼爲之，務期永遠可傳。〔註33〕

〔註33〕（清）福格，《聽雨叢談》，卷11滿洲字，北京：中華書局，1997。

此書即《清文鑑》，爲清代第一部官纂滿文字書。是年七月，重修《太宗文皇帝實錄》，任副總裁。十四年（1675）因經筵講章不稱旨，遭罷斥，不久之後便辭世。

由「日講官進講四書統計表」可知，傅達禮從康熙十一年（1672）四月二十八日至康熙十四年（1675）十一月一日，總共參與日講 109 次，主要是《論語》、《孟子》部分。

五、杜臻（1633～1703）

杜臻，字肇余，浙江嘉興府秀水縣人。順治十五年（1658）進士，十八年（1661）任翰林院編修、秘書院侍讀。康熙十三年（1674）任內閣學士，自十五年（1676）起，歷任禮部右侍郎、吏部右侍郎、刑部右侍郎、左侍郎。康熙二十三年（1684）陞工部尚書，二十八年（1689）任刑部尚書，三十年（1691）任兵部尚書，三十八年（1699）任禮部尚書。

康熙二十二年（1683），施琅攻克臺灣，康熙帝命杜臻等爲欽差大臣，巡視粵閩沿海邊界，之後便著述《海防述略》、《粵閩巡視紀略》。

由表中看來，杜臻於康熙十一年（1672）十月十六日至二十日，共講《論語》三次，此後再無進講，或許公務繁重，抑或皇帝對所講不滿意，不得而知。

六、喇沙里（？～1679）

喇沙里，滿洲鑲黃旗人，康熙十年（1671）八月，充日講起居注官。十四年（1675）十一月，爲翰林院掌院學士兼禮部侍郎；十二月，充經筵講官。康熙十八年（1679）十一月卒，以侍講日久，特贈禮部尚書，謚文敏。康熙帝諭大學士曰：

> 喇沙里，侍從有年，小心勤慎。翻譯經書，明白精詳，咸稱朕意。即翰林諸臣，亦皆稱其賢。今一旦溘逝，朕心惻憫，隨遣一等侍衛對秦、三等侍衛二格，齎銀三百兩，賜喇沙里之子，三等侍衛俄爾濟圖。〔註 34〕

又傳諭其子曰：

> 爾父喇沙里，自任講官以來，在內則經筵盡瘁，在外則扈從勤

〔註 34〕《清實錄·聖祖仁皇帝實錄》，卷 86，康熙十八年十一月十二日。

勞，曾無一時一事，少曠厥職。居官勤慎，內外諸臣，罕有其匹，方欲畀以大任，倏聞奄逝，不勝痛惜。初不知病勢危篤，未遣使視疾，心甚悼焉。念爾父家無餘資，賜銀三百兩爲治喪之費，其議卹典禮，俟禮部具題，再加優給。〔註35〕

康熙帝對於喇沙里之評價是，爲人小心勤慎，翻譯經書，明白精詳，屬賢能之人。其居官勤慎，少曠厥職，爲諸臣表率。身故後家無餘資，可見其非擅於營利之人。至康熙二十五年（1686），康熙帝仍憶及喇沙里，云：「曩者喇沙里居是官（翰林院掌院學士），學問、品行、詞林，至今追述之，後來者俱不能及。」〔註36〕可見其在康熙帝心目中，是學行兼優之一等賢才。

七、史鶴齡（1637～1676）

史鶴齡，字子修，號菊裳，江南溧陽人。工書法，詞翰兼美。康熙六年（1667）丁未科二甲第五名進士，選翰林院庶吉士，八年（1669）六月，授內三院編修檢討。十一年（1672）十一月，充日講起居注官。十二年（1673）四月十八日至二十六日進講七次，關於《論語》之部分。十五年（1676），以假歸省母，卒於家，年四十。其妻吳氏，辛勤教子，長子史夔，康熙二十一年（1682）壬戌進士，次子史普、長孫史貽直，康熙三十九年（1700）庚辰同榜進士。

八、張英（1637～1708）

張英，字敦復，江南桐城人。康熙六年（1667）進士，選庶吉士。康熙十二年（1673），以編修充日講起居注官。康熙十六年（1677）入直南書房，康熙帝賜居於西安門內，爲清代第一位賜居紫禁城之大臣。後授侍讀學士，官至工部尚書，文華殿大學士兼禮部尚書。

張英進講時間甚長，自康熙十二年（1673）四月十九日起至康熙十六年（1677）十一月二十三日，達五年之久，累計次數爲163次，所講範圍爲《論語》、《孟子》、《中庸》。康熙帝對其印象是「侍讀學士張英，供奉內廷，日侍左右，恪恭匪懈，勤慎可嘉。」〔註37〕也直接對他說：「爾素性醇樸，侍從有

〔註35〕《清實錄·聖祖仁皇帝實錄》，卷86，康熙十八年十一月十二日。
〔註36〕《清實錄·聖祖仁皇帝實錄》，卷125，康熙二十五年四月二十四日。
〔註37〕《清實錄·聖祖仁皇帝實錄》，卷89，康熙十九年四月初八日。

年，朝夕講筵，恪共盡職。」〔註 38〕足見其為皇帝所信任倚重之賢臣，幸南苑及巡行四方，必以張英跟隨，一時制誥，多出其手。康熙四十七年（1708）卒，謚文端。其子張廷玉，為康雍乾三朝重臣。

九、李仙根（1621～1690）

李仙根，名之欽，字子靜，號南津，四川遂寧人。〔註 39〕順治十八年（1661）辛丑科榜眼，康熙十年（1671）二月為經筵講官，康熙十二年（1673）七月，由翰林院侍讀學士陞內閣學士兼禮部侍郎，任纂修《太宗文皇帝實錄》副總裁。康熙十三年（1674），因吳三桂起事，被派至荊州協理大兵糧餉。十八年（1679）任鴻臚寺少卿，十月初五日，特擢都察院左副都御史。二十年（1681）陞戶部右侍郎，二十三年（1684）因事降調，二十七年（1688）補任光祿寺少卿，二十九年（1690）三月初二日病卒，年七十。〔註 40〕

李仙根任日講官僅三日，即康熙十二年（1673）五月十三日至十五日，講授有關《論語》「子華使於齊」等章，比起其他講官，次數甚少，何以未能續講，不得而知。

十、徐元文（1634～1691）

徐元文，江南崑山人，順治十六年（1659）第一甲第一名進士，授修撰。康熙九年（1670），擢國子監祭酒，充經筵講官。康熙十三年（1674），擢內閣學士，充重修《太宗文皇帝實錄》副總裁。十四年（1675）改任翰林院掌院學士，充日講起居注官。十五年（1676）十月十七日起至十一月十二日，日講《孟子》共九次。十八年（1679）任《明史》監修總裁官，十九年（1680）擢都察院左都御史，二十六年（1687）充經筵講官，是年十二月遷刑部尚書，旋調戶部。二十八年（1689）五月，授文華殿大學士兼管翰林院事，充纂修《平定三逆方略》、《政治典訓》、《一統志》總裁官。二十九年（1690）四月，任纂修三朝國史總裁官。五月，因兩江總督傅拉塔疏劾其子侄穢跡，休致回籍。三十年（1691）七月卒於家，年五十八歲，著有《含經堂集》。

〔註 38〕《清實錄．聖祖仁皇帝實錄》，卷 101，康熙二十一年二月十四日。

〔註 39〕胡傳淮、陳名揚，〈李仙根生平考述〉，《蜀學》第 10 輯，頁 104～123。

〔註 40〕胡傳淮、陳名揚，〈李仙根年譜簡編〉，《四川職業技術學院學報》，第 26 卷第 1 期，2016 年 2 月，頁 31～36。

十一、陳廷敬（1638～1712）

陳廷敬，字子端，號說岩、半日村，山西澤州人。順治十五年（1658）進士，任翰林院庶吉士。順治十八年（1661）任會試同考官，授秘書院檢討。康熙四年（1665）遷翰林院侍講學士，任日講起居注官。十五年（1676）陞內閣學士，任經筵講官兼禮部侍郎，後改翰林院掌院學士。十六年（1677）三月初八日起至十一月二十三日止，進講《孟子》共 75 次。二十三年（1684）調吏部右侍郎兼管戶部錢法，後陞都察院掌院事左都御史。二十五年（1686）任工部尚書，後調刑部。三十三年（1694）任戶部尚書，三十八年（1699）調吏部尚書，四十二年（1703）任會試正考官，四月授文淵閣大學士兼吏部尚書。四十九年（1710）三月，參與編纂《康熙字典》。五十一年（1712）四月卒，年七十三歲，諡文貞。

陳廷敬學識淵博，除了編纂《康熙字典》外，尙任修輯三朝《聖訓》、《政治典訓》、《方略》、《一統志》、《佩文韻府》、《明史》等總裁官。個人著作有：《尊文閣集》、《午亭文編》、《河上集》、《參野詩選》、《說岩詩集》、《禦選唐詩三十二卷》、《三禮指要》、《午亭山人》、《述古訓》、《孝經刊誤述釋》、《午亭歸去集》等。

十二、葉方藹（？～1682）

葉方藹，江南崑山人，順治十六年（1659）第一甲第三名進士，授翰林院編修。康熙十二年（1673）充日講起居注官。十五年（1676）五月，授侍講學士。十六年（1677）正月，充《孝經衍義》總裁。四月，轉侍讀學士。四月六日起參與日講《孟子》，直至十一月二十三日《孟子》講畢，共 70 次。十七年（1678）五月，充經筵講官。七月，入直南書房。十二月，遷翰林院掌院學士兼禮部侍郎。十九年（1680）五月，加禮部尚書銜。二十年（1681），遷刑部右侍郎。二十一年（1682）四月卒，諡文敏。

上述十二人中，除傅達禮、喇沙里爲滿人外，其餘十人，均是科舉出身之漢人，本身熟讀經史，學識均在水準以上而能成爲帝師。值得注意的是康熙帝每有疑問，多召熊賜履至前解惑，熊賜履任日講官自康熙十年（1671）二月至十四年（1675）三月，其間康熙帝與其對話之次數較他人更爲頻繁，可見熊賜履在皇帝心目中的地位與重要性，是康熙帝接受程朱理學最重要的影響者。探討君臣之間往來對話，有助於了解其中思想意涵，今就《康熙起居注冊》中所見君臣對話，列舉數端。

（一）論理學與實踐

康熙帝在施行日講之初，欲了解熊賜履學問如何，因此問於傅達禮。

> 上又問曰：「爾與熊賜履共事，他與爾講理學否？爾記得試說一、二語來。」對曰：「臣曾向他問及。他云：『理學不過正心誠意、日用倫常之事，原無奇特。我平日雖有理學虛名，不曾立講學名色，我輩惟務躬行，不在口講。』臣觀其意甚謙，不常論及。然聽其平日議論，皆切於理。」上頷之。〔註 41〕

由康熙帝與傅達禮的對話中可知，熊賜履不常談論理學，爲人甚爲謙虛，平日的議論皆切合於理。答覆傅達禮所問理學言簡意賅，其核心要旨在「正心誠意」，爲日用倫常尋常之事。對於學問的見解在於親身實踐，非僅口說而已。他日，康熙帝又親問熊賜履，欲知其切磋學問的對象爲何人。

> 上又問曰：「漢官中有與爾同講學的否？」對曰：「學問在實踐，不在空講。近見候補御史魏象樞、臣衙門翰林李光地、王寬茲三人，俱有志於理學。」上頷之。〔註 42〕

熊賜履認爲學問以實踐爲要務，不在空講。故先糾正康熙帝之觀念，再答其所問。依熊賜履所提三人「俱有志於理學」來看，可知魏象樞、李光地、王寬茲皆專於理學。康熙帝耳濡目染之餘，亦有同樣看法。

> 上曰：「明理最是緊要，朕平日讀書窮理，總是要講求治道，見諸措施。故明理之後，又須實行；不行，徒空談耳。」對曰：「非知之艱，行之唯艱。然行之不力，正由知之不眞也。」〔註 43〕

康熙帝以爲讀書明理之後必須實行，即不流於空談。然而熊賜履總是在適當時機給予精闢之見解，令康熙帝心中甚爲折服。論「知」與「行」的關係，康熙帝認爲「知」最緊要，「知」後要「行」，若無「行」，「知」便落於空論。熊賜履則認爲「行」比「知」更難，無法力行在於「知」之不眞。因此，「眞知」極爲重要。康熙帝將此謹記於心，他日復再提問。

> 上問曰：「知行合一之說何如？」賜履對曰：「宋儒朱熹云：『論輕重，行爲重；論先後，知爲先。』此言極爲稳實，知行合一乃後儒穿鑿之論，畢竟有病。」上首肯。〔註 44〕

〔註 41〕《康熙起居注冊》，康熙十一年六月二十日。

〔註 42〕《康熙起居注冊》，康熙十一年八月十二日。

〔註 43〕《康熙起居注冊》，康熙十二年八月二十六日。

〔註 44〕《康熙起居注冊》，康熙十二年十一月二十日。

可見先前熊賜履對於「知」、「行」的論點是依據朱熹而來，而朱熹以輕重、先後論之，更為明確至當。雖然熊賜履認為後儒王陽明「知行合一」之說「有病」，但並未再加以解釋。

對於「理」之探求，康熙帝亦有其觀點。

> 上召賜履至御前，諭曰：「古今道理，閱歷多了，自然融貫。」對曰：「俯仰上下，只是一理。唯洞徹本原，擴充分量，存之心性之微，驗之事為之實，則表裏精粗無有欠缺。總之，凡事有終始、有本末。人主根本既立，方講得用人行政。蓋用人行政，原無窮盡。先將道理講明，根本立定，不惑於他歧，不遷於異物。一以二帝、三王為法，而後用人行政，次第講究施行，務期允當，不患不登斯世於上理也。」〔註45〕

知「理」之法，康熙帝乃向外探求，認為閱歷多了，自然融貫其理，外在的閱歷決定知理是否通達。熊賜履卻是從內在心性出發，尋其本源。認為「理」存乎心性之微，而驗之外在事物。必須先講明道理，立下根本，師法二帝三王，才能進一步談用人行政；依此掌握次第，便能達理。故知熊賜履所闡述之理學，是天地宇宙萬物之一理，其本源在心性，由此擴充，驗之外在，則表裏精粗無不合。而達理之工夫在於立定根本，專一心志，不惑於歧說，因物改志，才能次第通達。

（二）論知人、用人

在知人方面，康熙帝擅於洞察。

> 上問左通政使任克溥曰：「爾何方人？」克溥跪奏曰：「臣山東人。」又問：「爾曾為御史乎？條陳彈劾幾何？」奏曰：「臣向承乏科員，條陳三十二事，彈劾一總督、一侍郎，又發科場大弊。」克溥退，上顧謂侍臣曰：「聞此人強幹，果然也。」〔註46〕

清代任用、陞遷官員有所謂「引見」制度，即是讓皇帝看看此人相貌、應答、見識如何。《康熙起居注冊》中生動地呈現了君臣互動對話，細膩地反應了皇帝的心思，許多耳聞之事，仍要加以求證。對於人品好壞，康熙帝其實心知肚明，但總要測試臣下是否為明智之人。

> 上問曰：「巡撫董國興所參之朱二眉解到京師，人多去問他休

〔註45〕《康熙起居注冊》，康熙十二年九月初七日。

〔註46〕《康熙起居注冊》，康熙十年十二月初四日。

咎，爾以爲何如？」賜履對曰：「二眉雖與臣同鄉，但他講仙術，用符咒。臣讀孔孟之書，學程朱之道，不與此輩交往，生平未覩其面，亦不信其說。」上笑曰：「爾向日如此奏過。朕觀其人，乃邪妄之小人也。」賜履對曰：「誠如聖諭。」〔註 47〕

從對話中可知熊賜履向來言詞含蓄，以自己讀孔孟之書，學程朱之道，不與講仙術、用符咒之輩往來，並未峻詞詆譭他人，直至康熙帝說穿了朱二眉其實是個邪妄小人，熊賜履始透露心中想法，贊同皇帝所說。

論及用人之道，熊賜履侃侃而談，皇帝亦表贊同。

賜履奏曰：「凡取人以品行爲本，至於才器大小，各有不同，難以概律。自古迄今，才全德備者有幾？帝王隨才器使，但用其長，不求其備。譬之宇宙間種種色象，萬有不齊，一入洪鈞大造，都成有用。天地無棄物，聖賢無棄人，其理一也。」上首肯。〔註 48〕

依熊賜履的看法，用人須考量二事，即才與德，而以品德爲優先取擇，才器次之。古往今來才德兼備者極少，帝王須善於隨才器使。而人人各有長處，用人原則在於「但用其長、不求其備」，而「天地無棄物，聖賢無棄人」之理，令一心想遵循聖人之道的康熙，更爲篤信。

（三）論佛、道

康熙帝在赤城之時，路旁有一靈眞觀道士請求賜號，其想法如下。

上顧近臣曰：「此道士妄干徼幸，求賜名號，意欲蠱惑愚民。」遂諭曰：「朕親政以來，此等求賜名號者，概不准行。況自古人主好釋老之教者，無益有損。梁武帝酷好佛教，捨身於寺，廢宗廟之血食，以麵爲牲，後竟餓死臺城。宋徽宗好道，父子皆爲金虜，此可鑒也。道士止宜清淨修身，何必求朕賜號。爾妄求徼幸，本應處治，姑從寬宥。以後若敢妄行，決不饒恕！」明珠奏曰：「自古惟孔孟之道大有益於世，其失於釋老之教者，蓋亦多矣。皇上此旨，誠萬世之明鑒也。」〔註 49〕

此中傳達了康熙帝對於佛、道的看法，是「無益有損」，也舉出歷史上有名的梁武帝、宋徽宗，皆因崇信佛、道而誤己誤國，應引以爲戒。是故其認爲道

〔註 47〕《康熙起居注冊》，康熙十一年四月初一日。
〔註 48〕《康熙起居注冊》，康熙十一年八月十二日。
〔註 49〕《康熙起居注冊》，康熙十一年二月二十八日。

士本份在清淨修身，不應妄求名號，請求賜號肯定是有不良動機，想要藉此蠱惑愚民，因此喝阻此輩勿再任意妄爲。兵部尚書明珠趁機進言，孔孟之道才是「大有益於世」，極力讚揚皇帝對於佛、道之見解。而康熙帝亦曾對熊賜履有如下對話。

> 上曰：「朕生來不好仙佛，所以向來爾講闢四端、崇正學，朕一聞便信，更無搖惑。」對曰：「帝王之道以堯、舜爲極。孔孟之學，即堯、舜之道也。外此不特仙佛邪說在所必黜，即一切百家眾技，支曲偏雜之論，皆當擯斥勿錄，庶幾大中至正，萬世無弊。皇上徇齊敦敏，生知天縱，然亦必切實講求，鏡原達委，俾似是而非之說，無得乘機而中，則永無毫釐千里之失矣。」〔註50〕

對於事物之喜好，爲主觀之事。其言「朕生來就不好仙佛」，所以一聞熊賜履說「闢四端、崇正學」，便肯信服。其實康熙帝在幼年之時，即已接受儒家思想薰陶，曾言：

> 朕自五歲即知讀書，八齡踐祚，輒以《學》、《庸》訓詁詢之左右，求得大意而後愉快。日所讀者必使字字成誦，從來不肯自欺。及四子之書既已通貫，乃讀《尚書》，於典謨訓誥之中，體會古帝王孜孜求治之意，期見之施行。〔註51〕

自幼薰習即有熟悉感，至成長後能接受儒家說法便不足爲怪。而其在幼年之時即已展現思辨的天賦，對於所學有窮究問題的本領。而熊賜履之「闢四端、崇正學」能令皇帝信服而無疑惑，可見其義理通達無礙。所言「正學」，即孔孟之學、堯舜之道，此是「大中至正」的道理，歷萬世而無弊害。儒家重視社會秩序，講求君臣倫理，倡言齊家、治國、平天下，均有益於治道，正符合帝王所需。

對於佛、道問題，亦有如下對話。

> 上召賜履至御前，諭曰：「朕十歲時，一喇嘛來朝，提起西方佛法，朕即面闢其謬，彼竟語塞。蓋朕生來便厭聞此種也。」對曰：「二氏之書，臣雖未盡讀，亦曾窮究，其指大都荒唐幻妄，不可容於堯舜之世。愚氓惑於福果，固無足怪，可笑從來英君達士，亦多崇信其說，畢竟是道理不明，聰明誤用，直於愚民無知等耳。皇上

〔註50〕《康熙起居注冊》，康熙十二年十月初二日。
〔註51〕《康熙起居注冊》，康熙二十三年十月初四日。

亶聰作哲，允接二帝三王之正統，誠萬世斯文之幸也。」〔註52〕

原來康熙帝在十歲時，即與喇嘛辯論過佛法，可見其思維、口才甚佳，能令對方語塞，更加令他厭惡佛、道之說。然而熊賜履的話語中有一關鍵之語，即「皇上亶聰作哲，允接二帝三王之正統，誠萬世斯文之幸也。」此中「二帝三王之正統」，涉及理學「道統」問題，熊賜履尊奉程朱理學，即知朱熹所言自堯、舜、禹、湯、文、武、周公、孔子，乃至孟子、二程之「道統」傳承，是其將此觀念灌輸予康熙帝，言皇帝可接此「正統」。否則身爲一滿洲皇帝，如何知道什麼是「道統」，以及何者是「正統」？所謂統治的「正當性」問題，也是從漢人的想法出發。

康熙帝與熊賜履頻繁對話的兩年之中，使其對人、事、物的觀點及思想上產生極大的變化，選擇以程朱理學爲指歸，尊崇儒術，施之治道，成了歷史上有名之「康熙盛世」，此皆由於熊賜履對其思想上之啓迪。若熊氏者，眞可謂康熙帝之良師也。

〔註52〕《康熙起居注冊》，康熙十二年十月初九日。

第四章　乾隆朝滿文之變革與重譯《四書》

第一節　鄂爾泰與滿文釐定

滿文到了乾隆朝，開始進入改革期，這與乾隆帝之才質甚有關係。即位之初，即命鄂爾泰釐定滿文。鄂爾泰（1677～1745），滿洲鑲藍旗人，西林覺林氏，字毅菴（一作毅庵）。高祖屯泰，國初率族來歸，授佐領。曾祖圖們，天聰五年（1631），從征明大凌河，力戰陣歿，授騎都尉世職。祖圖彥圖襲世職，官戶部郎中。父鄂拜，國子監祭酒。〔註1〕鄂爾泰自幼兼習滿漢文，兩種語文皆能掌握。康熙三十八年（1699）中舉，四十二年（1703）襲佐領，授三等侍衛，五十五年（1716）遷內務府員外郎。雍正元年（1723）充雲南鄉試副考官，特擢江蘇布政使；八月，授廣西巡撫。三年（1725）十月署雲貴總督，四年（1726）十月實授雲貴總督。十年（1732），授保和殿大學士兼兵部尚書，辦理軍機事務。十一年（1733）十月，充《八旗志》館總裁，兼署吏部。十二年（1734）七月，署鑲黃旗滿洲都統。十三（1735）年正月，充《皇清文穎》館總裁。乾隆元年（1736）二月，充會試正考官；七月，充《三禮義疏》總裁。二年（1737）五月，充《農書》總裁；十一月，命爲軍機大臣兼理侍衛內大臣。十二月，以總理事務議敘，由一等子加騎都尉，並授爲三等伯，賜號襄勤。三年（1738），兼議政大臣，四年（1739）二月，充經筵講官。七年（1742）三月，充《玉牒》館總裁。十年（1745）四月十二日，

〔註1〕《滿漢名臣傳》（哈爾濱：黑龍江人民出版社，1992），卷37，頁1092。

以痰疾病卒。乾隆帝對其評價云：

> 大學士鄂爾泰，公忠體國，直諒持躬。久任邊疆，懋著惠績。簡與機務，思日贊襄。才裕經綸，學有根底。不愧國家之柱石，允爲文武之儀型。〔註2〕

鄂爾泰堪稱允文允武通才，其一生功蹟顯赫，不待贅述。獲二帝之倚重，由此可見。值得注意者，鄂爾泰滿漢文造詣甚高，能準確對譯兩種語文，是故乾隆帝命其釐定滿文譯本《四書》。乾隆帝個人相當肯定鄂爾泰的滿文及漢文，認爲他有能力釐定滿漢文對譯之間的問題。此外，乾隆年間整理、重鈔舊滿洲檔，這是滿洲入關以前以無圈點老滿文及有圈點新滿文所記錄的檔案，大多難以理解。因此，乾隆六年（1741），又命滿文甚佳之鄂爾泰、徐元夢覽閱舊滿洲檔，按新滿文編纂《無圈點字書》。書前附有滿文奏摺，述及此事來龍去脈，以下轉寫羅馬拼音及註解。

dorgi yamun i aliha bithei da, taiboo, ilanci jergi be, amban ortai sei
內閣 的 大學士 太保 第三 等 伯 臣 鄂爾泰等

gingguleme wesimburengge, hese be gingguleme dahara jalin,, abkai
敬謹地 所奏了的 旨 把 敬謹地 跟隨 爲 乾

wehiyehe ningguci aniya nadan biyai orin emu de hese wasimbuhangge,
隆 第六 年 七 月的 二十 一 於 旨 所降了的

tongki fuka akū hergen, daci manju bithei fulehe, te aika emu yohi bithe
點 圈 無 字 原本 滿洲 文的 根 今 若是 一 部 書

banjibume arafi asaraburakū oci, amaga inenggi burubufi niyalma gemu manju
編纂後 不使收貯 若 日後 消失後 人 皆 滿洲

bithe, daci tongki fuka akū hergen ci deribuhengge be sarkū ombi, ortai, sioi
文 原本 點 圈 無 字 從 開始了的 把 不知 成爲 鄂爾泰 徐

yuwan meng de afabufi, tongki fuka akū hergen i dangse be tuwame eici
元 夢 於 使交後 點 圈 無 字 的 檔子 把 看著 或者

juwan juwe uju be dahame emu yohi bithe banjibume arafi, eici adarame emu
十 二 頭 把 隨著 一 部 書 編纂後 或者 怎麼 一

yohi bithe arafi uksun, gioroi tacikū, guwe dz giyan yamun i geren tacikū de
部 書 寫後 宗室 覺羅 學校 國 子 監 衙門 的 眾 學校 於

〔註2〕《清實錄·高宗純皇帝實錄》，卷238，乾隆十年四月十三日。

emte yohi sarkiyafi asarabukini sehebe gingguleme dahafi, amban be dorgi
各一 部　抄寫後　使收貯　　　　欽此欽遵　　　　　臣　我們

yamun i ku de asaraha tongki fuka akū hergen i dangse be kimcime tuwaha, te
內閣 的庫於 收貯了　點　圈　無　字 的 檔子 把 詳察著　看了　今

udu ere hergen be baitalarakū bicibe, manju hergen, yargiyan i ereci
雖然 這字　把 不使用　雖　滿洲　字　眞實的 從這

deribuhengge, jai jakūn gūsai nirui sekiyen, sirara hafan buhe turgun yooni ere
開始了的　至於 八 旗的 佐領的 源　世襲官　給了 緣由　全　這

dangsede ejehebi, ere dangse i hergen, tongki fuka akū teile akū, geli
於檔子 已記錄 這 檔子 的 字　點　圈 無　僅　不 又

teodenjeme baitalahangge bi, dergi fejergi hergen de acabume gūnin gaime
假借了的　　有　上　下　字　於 使合意著 意 取著

kimcime tuwarakū oci, ja i takarakū, te ejen hese wasimbufi, bithe banjibume
詳察著　不看　若是 易的不認得 今 主 旨　降後　書　編纂後

arafi asaraburengge, yargiyan i manju hergen i da sekiyen be enteheme
使收貯了的　眞實的　滿洲　字 的　本源　把　長遠

buruburakū obure ferguwecuke gūnin, amban be ejen i hese be gingguleme
不消失 使成爲　可驚奇　意　臣 我們 主的旨 把　敬謹地

dahafi, ere dangse i dorgi tongki fuka sindame hūlaci, uthai takaci ojoro
跟隨後 這 檔子的 內　點　圈　放置著 讀的話 就　認得 可以

hergen ci tulgiyen, te i hergen ci encu, takara de mangga hergen be yooni
字　以外　今的 字　比 另外 認得 於　難　字　把　全

tukiyefi, te i hergen kamcibufi, juwan juwe uju be dahame emu yohi bithe
舉出後 今的 字　使合後　十　二 頭 把 跟隨著 一　部　書

banjibume arafi, dele tuwabume wesimbuhe, ejen jorime tacibuha manggi,
編纂後　皇上　使看著　奏了　主　指示　教了　後

dorgi yamun de emu yohi asarabureci tulgiyen, uksun, gioroi tacikū, guwe dz
內閣　於 一　部　使貯存　以外　宗室 覺羅的學校　國　子

giyan yamun i geren tacikū de emte yohi sarkiyame gamabufi asarabufi,
監　衙門的 眾　學校 於 各一 部　抄寫著　使拿去後 使收貯後

amaga urse be, manju bithe daci ere hergen ci deribuhengge be sakini, geli
後來 眾人 把 滿洲　文 原本 這　字　從　開始了的 把 知道　又

baicaci, ere dangse aniya goidara jakade, umesi manahabi, ere enteheme
查得 這 檔子 年 久 因爲 很 久已破爛 這 長遠

goidame asarara dangse be dahame, afaha tome hoošan jibsime biyoolafi
久 貯了的 檔子 因爲 張 每 紙 重加上 裱後

dasame kiyalafi asarabuki sembi, erei jalin gingguleme wesimbuhe hese be
修 釘書後 使收貯 希望 爲此 敬謹地 奏了 旨 把

baimbi seme abkai wehiyehe ningguci aniya omšon biyai juwan emu de aliha
請求 等因 乾 隆 第六 年 十一 月的 十 一 於

bithei da taiboo ilaci jergi be ortai aliha amban i jergi taidz šooboo sioi yuwan
大學士 太保 第三 等 伯鄂爾泰 尚書 品級 太子 少保 徐 元

meng wesimbuhede ineku inenggi hese wasimbuhangge jedz be bithei juleri
夢 奏了的時 本 日 旨 所降了的 摺子把 書的 前

ara erei songkoi ilan dobton arafi dolo benju gūwa be gisurehe songkoi obu
寫 這 依照 三 套 寫後 內 使送 別的 把 議了 依照 令做

sehe,,〔註3〕

欽此

此奏摺最早於民國二十三年(1934),經張玉全漢譯如下:

內閣大學士太保三等伯臣鄂爾泰等謹奏:爲遵旨事。乾隆六年七月二十一日奉上諭:「無圈點字原係滿文之本:今若不編製成書貯藏,日後失據,人將不知滿文造端於無圈點字。著交鄂爾泰徐元夢按照無圈點檔,依照十二字頭之順序,編製成書,繕寫一部。並令宗室覺羅學及國子監各學各鈔一部貯藏。欽此」。臣等詳閱內閣庫存無圈點檔,現今雖不用此體,而滿洲文字實肇基於是。且八旗牛彔之淵源,賞給世職之緣由,均著於斯。檔內之字,不僅無圈點,復有假借者,若不融會上下文字之意義,誠屬不易辨識。今奉聖旨編書貯藏,實爲注重滿洲文字之根本不失其考據之至意。臣謹遵聖旨,將檔內之字加設圈點讀之。除可認識者外,其有與今之字體不同,及難於辨識者,均行檢出,附註現今字體,依據十二字頭編製成書,謹呈御覽。俟聖裁後,除內閣貯藏一部外,並令宗室覺羅及國子監等學各鈔一部貯存,以示後人知滿洲文字肇端於此。再

〔註3〕(清)鄂爾泰、徐元夢,《無圈點字書》(天津:天津古籍出版社,1987)

查此檔因年久殘闕，既期垂之永久，似應逐頁托裱裝訂，爲此謹奏請旨。乾隆六年十一月十一日大學士太保三等伯鄂爾泰尚書銜太子少保徐元夢奏。本日奉旨：「將此摺錄於書首，照繕三帙呈進，餘依議。欽此。」〔註4〕

張玉全所譯大致不失原意，唯有數語不甚準確，如第一段奉旨後「sehebe gingguleme dahafi」爲公文成語，當譯「欽此欽遵」，非僅有「欽此」二字。而「jakūn gūsai niru」，其譯「八旗牛彔」，當譯「八旗佐領」較佳，雖然「niru」最初用「牛彔」一詞，順治十七年（1660）後改稱「佐領」，乾隆朝公文檔案中慣稱「佐領」，故以當時習慣用法爲準。又「afaha tome hoošan jibsime biyoolafi dasame kiyalafi asarabuki sembi, erei jalin gingguleme wesimbuhe hese be baimbi seme」，其譯「似應逐頁托裱裝訂，爲此謹奏請旨。」當譯「逐頁托裱裝訂可也，爲此謹奏請旨等因。」前句句末「ki sembi」有「希望」之意，清代公文書中漢文均作「可也」。而第二句句末「seme」爲公文交代用語，漢譯常作「等因」、「等情」，故依公文用語更正。而此件奏摺說明鄂爾泰滿文必然相當好，能融會當時人人不解的無圈點老滿文上下文之字義加以辨識，難度甚高。

此外，鄂爾泰個人在漢文方面的著述、奉敕編纂、參與校訂諸書頗豐，如《西林遺稿》六卷、《南都耆獻集》、《周官義疏》四十八卷、《儀禮義疏》四十八卷、《平蠻奏疏》一卷、《雲南通志》三十卷、《貴州通志》四十六卷、《廣西通志》一二八卷、《詞林典故》八卷、《八旗通志初集》二五〇卷、《八旗滿洲氏族通譜》八十卷、《授時通考》七十八卷、《御定醫宗金鑑》九十卷、《文蔚堂詩集》八卷、《南邦黎獻集》十六卷、《日講禮記解義》六十四卷、《太祖高皇帝實錄》十卷、《太宗文皇帝實錄》六十五卷；《世祖章皇帝實錄》一四六卷、《御定儀象考成》三十二卷等。〔註5〕這些均足以說明鄂爾泰之滿文與漢文程度相當可觀，自然受到乾隆帝的信任，委任其釐定繙譯《四書》。可惜乾隆十年（1945），鄂爾泰時年六十九歲，便因病辭世，若住世更久，肯定在滿文校訂方面，能作出更多更好的貢獻。

〔註4〕參張玉全，〈述滿文老檔〉，收入《文獻特刊論叢專刊合集》之《文獻論叢》（臺北：台聯國風出版社，1967），論述二，頁207。

〔註5〕史語所漢籍資料庫。

第二節　欽定清語與重譯《四書》

一、欽定清語釋名

滿語在清代也稱作「國語」、「清語」。「欽定清語」即是經由乾隆帝親加釐定、諭旨頒佈之滿文新辭彙，這項影響極爲深遠的文化活動，自乾隆十二年（1747）爲始，直至乾隆六十年（1795），始終持續進行著。清代亦仿中國歷朝，凡經皇帝御定者，皆稱「欽定」，然而「欽」字本義究竟爲何？典籍可稽者，如《爾雅》：欽，敬也。《尚書・堯典》即有「欽若昊天」之句。此外，對於皇帝言行之敬詞，如「欽命」、「欽派」等使用由來已久，似乎皆解的通。因此，從漢文角度來理解「欽」字，甚易混淆。若從滿文文義來考量，「欽定清語」滿文作「hesei toktobuha manju gisun」，即諭旨所定的滿洲語。其中「欽」字對應滿文「hese」，可解爲「皇帝的命令」，與「欽天監」滿文「abka be ginggulere yamun」（敬天的衙門），所使用之「ginggulembi」（敬）釋漢文「欽」字，明顯有別。舉此例子，可證滿文在對譯漢文時，是經詳審考察，較能掌握住漢字文義，其背後即是乾隆帝斟字酌句的用心，實與考證工夫相去不遠。而釐定後的清語與原來不同，多所改易，故稱「欽定清語」。

二、欽定清語之起因

滿人入關後，與漢人相處日久而漸習漢俗，在語言也逐漸被同化取代。乾隆帝最先意識到清語衰退的危機，《清實錄》中不乏諸例，如乾隆元年（1736）四月初三日，上諭提及引見之旗人陳遵等，面對皇帝詢問，竟無法以滿語回答。因此，乾隆帝擔憂地表示：

> 陳遵等此次姑准記名，看來伊等清語，僅止溫習履歷，問及他語，俱不能奏對。伊等雖係漢軍，究係旗人，自應熟習清語，該將軍大臣等所司何事？著諭該將軍等，嗣後引見人員，朕不獨履歷是問，伊等知朕問及何語耶，若仍不能奏對，朕將不能清語之人，不准列入保舉，且惟該管大臣是問。〔註 6〕

所謂「履歷」，即個人生平經歷及所任的職務。滿文作「yabuha ba」，可解爲「行過之處」，也就是經歷。而漢軍旗人陳遵等，無法以滿語應答乾隆帝的問

〔註 6〕《清實錄・高宗純皇帝實錄》，卷 16，乾隆元年四月初三日。

話，此事反應出他們平日生活中普遍以漢語溝通，鮮少使用滿語，故而逐漸生疏遺忘。因此，乾隆帝才嚴厲的警告「不能清語之人，不准列入保舉，且惟該管大臣是問。」然而這樣的情況，至乾隆六年亦未見所有改善，如乾隆六年（1741）三月己巳上諭：

> 滿洲素習，原以演習弓馬騎射爲要。而清語尤爲本務，斷不可廢。從前皇祖聖祖仁皇帝，嘗閱宗室章京侍衛等射箭，遇有技藝生疏、不諳清語者，即行斥革。原欲示以懲創，教育有成也。近見滿洲子弟，漸耽安逸，廢棄本務。宗室章京侍衛等，不以騎射爲事，亦不學習清語，公所俱說漢話。夫以歷來相傳之本業，不知崇尚，因循日久益難整頓。朕擬於幾暇閱看，但念若不先期曉諭，驟加查閱，則獲譴者必多。著交宗人府領侍衛內大臣等，飭令宗室章京侍衛等各加奮勉，及時學習。朕於本年冬間，或明年春間查閱。其優等者，格外施恩，倘仍不學習，以致射箭平常、不諳清語者，定從重治罪。〔註 7〕

雖然三申五令，仍未收成效，可見積習難改。到了乾隆十二年（1747），清語中夾雜漢語的情況更爲嚴重，於是乾隆帝在正月初七日下了一道諭旨：

> 清語乃我朝根本要務，近見清語中雜以漢語，語熟成風，遂將可以繙清者亦仍用漢語，而書於奏章者往往有之。朕隨所見，即爲改正，復派大臣詳查更正，即如部院名內內閣，各俱繙作清語，或未經繙譯，仍用漢語書寫者尚多，況宗人府、通政司等衙門並非不可繙譯者。蓋因從前未甚詳查，以致因循忽畧，宗人府著即繙爲管理宗室衙門，其餘衙門司分內，或因地方省分命名不便繙清，必用漢語毋庸更改外，其尚可取意繙清者，著滿洲大學士會同部院滿洲大臣繙譯具奏。〔註 8〕

〔註 7〕《清實錄・高宗純皇帝實錄》，卷 138，乾隆六年三月初四日。

〔註 8〕參《史語所藏內閣大庫檔案》，197467-001。本件滿文羅馬拼音轉寫：manju gisun serengge, musei gurun i fulehe da i doro jakan tuwaci, manju gisun i dorgide nikan gisun be suwaliyaganjame dosimbufi gisurehei tacin banjinara jakade, manju gisun i ubaliyambuci ojorongge be an i nikan gisun baitalaha, wesimbure bithede arahangge gemu bi, mini sabuha teisulebuhe be tuwame, halame dasaha, geli ambasa be tucibufi kimcime baicafi dasabumbi, te bicibe jurgan yamun gebui dorgide dorgi yamun, geren jurgan be gemu manju gisun i ubaliyambume araha bime, ememungge be geli ubaliyambuhakū, an i nikan i gisun i songkoi arahangge labdu, tere anggala dzung žin fu, tung jeng sy i jergi yamun umai ubaliyambuci

大學士訥親遵奉這一指示，開始將各部院司分可以繙譯成清文者，酌量「取意」繙譯。所謂「取意」，滿文作「gūnin gaimbi」，其中「gūnin」（意）源自動詞「gūnimbi」（想），即「思考」動詞的名詞化，可見「取意」須經思考，而非「取義」徑取其義。據遼寧省檔案館藏盛京內務府檔案，乾隆十二年（1747）九月二十九日，十月初五日、十四日、二十六日，十一月十一日、十六日，十二月初十日，陸續將吏部等衙門並所屬司分約二百八十餘處繙譯進呈。〔註 9〕之後亦持續進呈欽定，甚至到乾隆六十年亦見檔案中提及。〔註 10〕至於「欽定清語」何時刊刻成《欽定清語》，乾隆三十年（1765）湖廣襄陽總兵立柱奏摺中提及：

> 清語爲旗人根本，外省粘單所抄清字，或圈點多寡、高下不合，或連折增減長短違式，推求其故。蓋緣外省繕寫之書吏，俱係不識清字，雖曰照抄，而文武衙門甚多層層抄行，不特訛以傳訛，甚至錯中添錯。現今總兵衙門舊案，有將部頒清漢原文，復于清字之旁音註漢字，而將漢字訛註，並將清字錯抄者。更有將清語止以漢字

ojorakūngge waka, nenehe fonde ainci inu asuru kimcihakū ofi, ainame ainame dulemšehebi, dzung žin fu yamun be uthai uksun be kadalara yamun seme ubaliyambu, gūwa yamun sy i dorgi, eici ba na i golo be dahame gebulehe, manjurame ubalayambume banjinarakū, urunakū nikan gisun baitalarangge be halarakūci tulgiyen, kemuni gūnin gaime manju gisun i ubaliyambuci ojorongge be manju aliha bithei da, jurgan yamun i manju ambasai emgi acafi ubaliyambufi wesimbu.

〔註 9〕參張虹、程大鯤譯編，〈乾隆朝「欽定新清語」（二）〉，《滿語研究》1994 年第 2 期，頁 68～73。又遼寧省檔案館所藏盛京內務府檔案中，關於乾隆朝「欽定新清語」者約 110 餘件，詞彙達 1700 餘條，有些檔案詳敘如何分辨詞義，彌足珍貴。如乾隆十五年八月十七日奉旨：侍奉主子或父母之 weilembi 的 wei 字，著改用 ui 字，別處仍照舊用 wei 字，著將此記注。欽此。這也解決了《滿和辭典》缺乏史料佐證，未清楚辨明的部分。參佟永功、關嘉祿，〈乾隆朝「欽定新清語」探析〉，《滿語研究》1995 年第 2 期，頁 66～70；另參張虹、程大鯤譯編，〈乾隆朝「欽定新清語」（六）〉，《滿語研究》1999 年第 2 期，頁 33。

〔註 10〕如遼寧省檔案館所藏盛京內務府檔案，乾隆六十年閏二月二十四日盛京將軍咨文，文中抄錄乾隆五十九年十二月二十七日奉上諭：Tusangga 等奏請改鑄歸化城副都統印及官員關防字樣。kuku 一字理應寫作 k'ūke，此皆由從前不曉蒙古語之所致。除將此曉諭 Tusangga 等外，著交該部將應行改鑄之印及關防俱改鑄 k'ūke hoton。再，kuku noor（青海）亦著改寫作 k'ūke noor。欽此。見張虹、程大鯤譯編，〈乾隆朝「欽定新清語」（十一）〉，《滿語研究》2005 年第 1 期，頁 41。

代為切音，竟全刪除清字。而所繙漢字之音，究未切當，以致難以追摹原頒清字者，參差錯謬，無從仰遵。恭請敕下各省督撫，將歷年奉到清語，遴派旗員逐一磨對較正，飭令布政使端刻刷印頒發，應行文武各衙門，並請嗣後遇有奉到清語，俱著照式刊印頒行，以免抄謄參差之訛。〔註 11〕

大學士傅恒等議覆表示，因為增纂《清文鑑》陸續進呈，將來書成頒行即可永遠遵循，毋須再刊頒《欽定清語》。此意見也獲皇帝認可，於乾隆三十年（1765）五月初三日奉旨：依議。因此，《欽定清語》實際上並無官刻本。今日所見多為手抄本或私刻。其次，未欽定前之清語原貌為何？今以法國國家圖書館藏康熙三十二年（1693）《同文彙集》、康熙三十九年（1700）《滿漢同文分類全書》，以及史語所藏內閣大庫檔案，選取未改易前雍、乾二朝相關之部院衙署名，與乾隆朝阿思哈、佛德所刻之《欽定清語》作一比較。〔註 12〕經初步比對之結果，《欽定清語》中大致可分為三類。

第一類，維持舊譯不變。如內閣原作「dorgi yamun」，即「內衙門」；〔註 13〕「理藩院」原作「tulergi golo be dasara jurgan」，即「治理外省的部院」；欽定後仍維持原譯。

第二類，本為漢語音譯者改為滿文意譯。如「太常寺」原作「tai cang sy yamun」，改譯作「wecen i baita be aliha yamun」，即「承辦祭祀事務的衙門」。

第三類，舊譯不準確者加以改譯。如「鑾儀衛」本作「faidan i yamun」，即「儀仗的衙門」；改譯作「dorgi faidan be kadalara yamun」，即「管理內儀仗的衙門」。較舊譯表達更清楚，不致有所疑義。

由於第一類維持舊譯不變，表示原來的繙譯恰當，無須更改，故不加以討論。而將重點放在第二、第三類，並列表如下，以便進一步討論。

〔註 11〕參《史語所藏內閣大庫檔案》，080974-001。

〔註 12〕刻本《欽定清語》，收入《故宮珍本叢刊》（海口：海南出版社，2001），冊 723。

〔註 13〕衙門，據（清）陳鱣考證：《後漢書・袁紹傳》：拔其牙門。《封氏聞見記》：近代謂府廷曰公衙，字本作牙。古掌武備者，象猛獸以牙爪衛，故軍前旗曰牙旗，近俗尚武，遂通呼公府為牙門。參（清）陳鱣，《恒言廣證》（北京：商務印書館，1959），頁 77。

圖 4-1　康熙朝《同文彙集》與《滿漢同文分類全書》

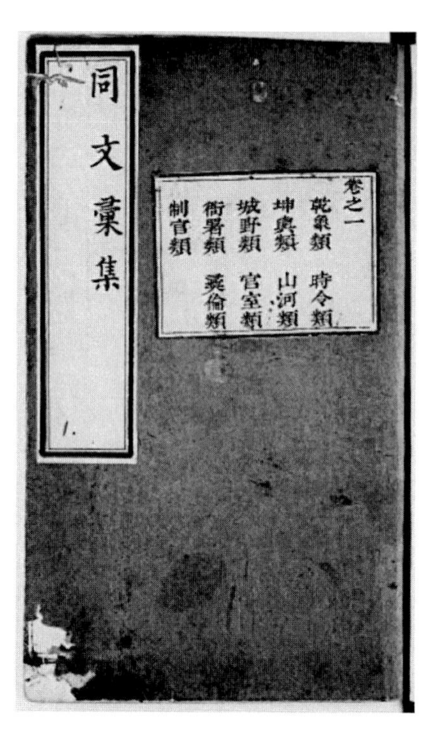

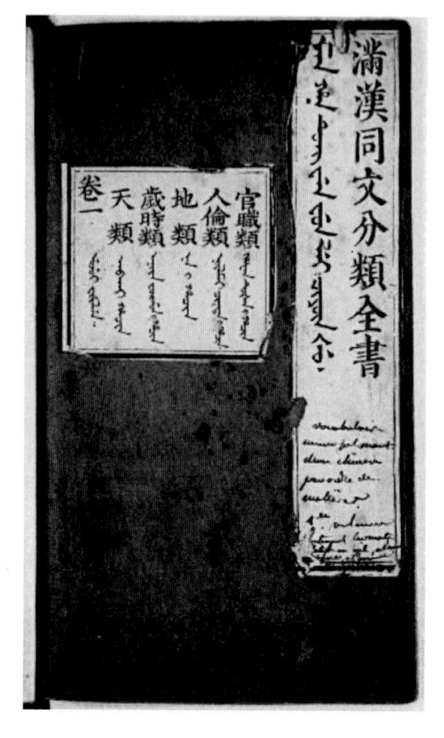

資料來源：法國國家圖書館。

表 4-1　《同文彙集》、《同文分類》與《內閣大庫檔案》、《欽定清語》比較

	《同文彙集》 康熙 32 年刻本	《同文分類》 康熙 39 年刻本	《內閣大庫檔案》 雍乾年間	《欽定清語》 乾隆年刻本
通政使司	tung jeng sy yamun	tung jeng ši sy yamun	tung jeng ši sy yamun	dasan be hafumbure yamun
大理寺	dai li sy yamun	dai li sy yamun	dai li sy yamun	beiden be tuwancihiyara yamun

太常寺	tai cang sy yamun	taicangsy yamun	taicangsy yamun	wecen i baita be aliha yamun
鴻臚寺	hūnglusy yamun	hūnglusy yamun	hūnglusy yamun	doro jorire yamun
光祿寺	guwanglusy yamun	guwanglusy yamun	guwanglusy yamun	sarin be dagilara yamun
太僕寺	tai pu sy yamun	taipusy yamun	tai pu sy yamun	adun be kadalara yamun
倉場衙門	tsang cang ni yamun	tsang cang	tsang cang yamun	calu cahin i baita be uheri kadalara yamun
寶泉局	boo ciowan gioi kūwaran	boo ciowan gioi kūwaran	boo ciowan gioi	boo ciowan jihai kūwaran

寶源局	boo yuwan gioi kūwaran	boo yuwan gioi kūwaran	查無對應滿文	boo yuwan jihai kūwaran
瑠璃窰	lio li yoo i yamun	無	查無對應滿文	aiha deijire kūwaran
製造庫	weilere arara ku	weilere arara ku	查無對應滿文	weilere arara namun
街道廳	giy(a)i doo ting ni yamun	無	查無對應滿文	jugūn giyai be kadalara tinggin
詹事府	jan ši fu yamun	jan ši fu yamun	jan ši fu yamun	dergi gurung ni baita be aliha yamun
京畿道	ging ji doo yamun	無	gemun hecen i dooli yamun	gemun hecen i dooli hafan yamun

國子監	guwe dz giyan yamun	guwe dz giyan yamun	guwe dz giyan yamun	gurun i juse be hūwašabure yamun
欽天監	kin tian giyan yamun	kin tian giyan yamun	kin tian giyan yamun	abka be ginggulere yamun
顏料庫	無	okto i ku	okto ku	boco hacin namun
銀庫	無	menggun i ku	menggun ku	menggun namun
坐糧廳衙門	dzo liyang ting	無	dzo liyang ting	jeku i baita be tefi icihiyara yamun
鑾儀衛	faidan i yamun	faidan i yamun	faidan be kadalara yamun	dorgi faidan be kadalara yamun

宗人府	dzung žin fu yamun	dzung žin fu yamun	dzung žin fu yamun	uksun be kadalara yamun
中書科	jungsu k'o yamun	jungšu k'o yamun	jungsu k'o	fungnehen icihiyara kungge
太醫院	tai i yuwan yamun	tai i yuwan yamun	tai i yuwan yamun	dorgi oktosi yamun
奉宸院	fung cen yuwan	無	查無對應滿文	dorgi belhere yamun

資料來源：法國國家圖書館、史語所內閣大庫檔案、《故宮珍本叢刊》冊723。

由上表來看，「通政使司」之滿文，康熙年刻本《同文彙集》作「tung jeng sy yamun」（通政司衙門），《同文分類》作「tung jeng ši sy yamun」（通政使司衙門），雍正四年（1726）五月十八日檔案亦作「tung jeng ši sy yamun」（通政使司衙門）。〔註14〕可知原來皆音譯自漢文，差別僅是「使」音譯「ši」字增減，欽定後意譯成「dasan be hafumbure yamun」，即「使通曉政務的衙門」，對於不懂漢文的滿人而言，能立即明白其義。

「大理寺」，《同文彙集》、《同文分類》及乾隆三年（1738）三月初十日檔案〔註15〕之滿文均依漢文音譯作「dai li sy yamun」（大理寺衙門），《欽定清

〔註14〕《史語所藏內閣大庫檔案》，009687-001。
〔註15〕《史語所藏內閣大庫檔案》，019725-001。

語》意譯作「beiden be tuwancihiyara yamun」，即「撥正審判的衙門」。「太常寺」滿文，《同文彙集》作「tai cang sy yamun」（太常寺衙門），《同文分類》及乾隆二年（1737）二月初六日檔案〔註16〕均作「taicangsy yamun」（太常寺衙門），可見音譯的滿文字，連寫分寫均有使用。而《欽定清語》意譯作「wecen i baita be aliha yamun」，即「承辦祭祀的衙門」。「鴻臚寺」滿文，《同文彙集》、《同文分類》及乾隆四年（1739）三月十一日檔案〔註17〕均音譯作「hūnglusy yamun」（鴻臚寺衙門），《欽定清語》意譯作「doro jorire yamun」，即「指示禮儀的衙門」。「光祿寺」之滿文，《同文彙集》、《同文分類》及乾隆六年（1741）三月初八日檔案〔註18〕均音譯作「guwanglusy yamun」（光祿寺衙門），《欽定清語》意譯作「sarin be dagilara yamun」，即「備辦筵宴的衙門」。「太僕寺」滿文，《同文彙集》與乾隆三年（1738）三月初九日檔案〔註19〕之滿文均音譯作「tai pu sy yamun」（太僕寺衙門），《同文分類》作「taipusy yamun」（太僕寺衙門），《欽定清語》意譯作「adun be kadalara yamun」，即「管理牧羣的衙門」。以上諸例，雖然漢文皆有一「寺」字，卻與寺廟毫無關連，若無滿文輔助理解，容易望文生義。

「倉場衙門」滿文，《同文彙集》作「tsang cang ni yamun」（倉場的衙門），《同文分類》作「tsang cang」（倉場），雍正十一年（1733）五月十五日檔案作「tsang cang yamun」（倉場衙門），〔註20〕均屬漢文音譯。而《欽定清語》意譯作「calu cahin i baita be uheri kadalara yamun」，即「總管倉廒事務的衙門」。

「寶泉局」滿文，《同文彙集》及《同文分類》均音譯作「boo ciowan gioi kūwaran」（寶泉局局廠），雍正十年（1732）二月初三日檔案音譯作「boo ciowan gioi」（寶泉局），〔註21〕《欽定清語》意譯作「boo ciowan jihai kūwaran」，即「寶泉錢的局廠」。而「寶源局」滿文，《同文彙集》及《同文分類》均音譯作「boo yuwan gioi kūwaran」（寶源局局廠），內閣大庫檔案雍乾年間查無對應的滿文，而《欽定清語》意譯作「boo yuwan jihai kūwaran」，即「寶源錢的局

〔註16〕《史語所藏內閣大庫檔案》，055705-001。
〔註17〕《史語所藏內閣大庫檔案》，117718-001。
〔註18〕《史語所藏內閣大庫檔案》，016724-001。
〔註19〕《史語所藏內閣大庫檔案》，019724-001。
〔註20〕《史語所藏內閣大庫檔案》，012325-001。
〔註21〕《史語所藏內閣大庫檔案》，009195-001。

廠」；可知二者均爲與錢有關的局廠。

「瑠璃窰」滿文，僅《同文彙集》音譯作「lio li yoo i yamun」（瑠璃窰的衙門），而《欽定清語》意譯作「aiha deijire kūwaran」，即「燒瑠璃的局廠」。可見欽定後的滿文，文義詮釋的更加清楚。

「製造庫」滿文，《同文彙集》及《同文分類》均作「weilere arara ku」（製造的庫），其中「weilere arara」（製造的）爲意譯字，「ku」（庫）則是音譯字。內閣大庫檔案查無對應的滿文，而《欽定清語》將「庫」的音譯字「ku」改爲意譯字「namun」，作「weilere arara namun」。

「街道廳」之滿文，《同文彙集》作「giyai doo ting ni yamun」（街道廳的衙門），而《欽定清語》作「jugūn giyai be kadalara tinggin」，即「管理路街的廳」。其中「giyai」（街）與「tinggin」（廳）仍是音譯自漢文，或許在日常生活中已普遍使用，爲大眾所熟知，更改可能帶來更多不便，故而保留。

「詹事府」滿文，《同文彙集》、《同文分類》及雍正七年（1729）七月初二日檔案〔註22〕均音譯作「jan ši fu yamun」（詹事府衙門），《欽定清語》意譯作「dergi gurung ni baita be aliha yamun」，意爲「承辦東宮事務的衙門」。所謂東宮，即太子居所及辦公處，亦成爲太子的代稱。因此，詹事府是專辦太子事務的衙門。

「京畿道」滿文，《同文彙集》音譯作「ging ji doo yamun」（京畿道衙門），內閣大庫檔案作「gemun hecen i dooli yamun」，即「京城的道衙門」，可知在欽定清語前已將原來的音譯加以修改，而《欽定清語》又重新審訂，作「gemun hecen i dooli hafan yamun」，即「京城的道員衙門」，解釋更爲清楚。

「國子監」之滿文，《同文彙集》、《同文分類》及乾隆六年（1741）十一月初一日檔案〔註23〕均音譯作「guwe dz giyan yamun」（國子監衙門），《欽定清語》意譯作「gurun i juse be hūwašabure yamun」，即「養育國家眾子的衙門」。

「欽天監」滿文，《同文彙集》、《同文分類》及乾隆六年（1741）九月初一日檔案〔註24〕均音譯作「kin tian giyan yamun」（欽天監衙門），《欽定清語》意譯作「abka be ginggulere yamun」，即「敬天的衙門」。

「顏料庫」滿文，《同文分類》作「okto i ku」（藥的庫），雍正十二年

〔註22〕《史語所藏內閣大庫檔案》，011679-001。
〔註23〕《史語所藏內閣大庫檔案》，046638-001。
〔註24〕《史語所藏內閣大庫檔案》，224993-001。

（1734）二月二十三日檔案作「okto ku」（藥庫）。〔註 25〕其中「okto」是指「藥」，「ku」則是漢字「庫」的音譯。《欽定清語》改譯作「boco hacin namun」，即「顏色項庫」。但藥與顏料頗有差異，是否職掌有所更動，須待進一步考察。

「銀庫」之滿文，《同文分類》作「menggun i ku」（銀的庫），雍正十二年（1734）二月二十三日檔案〔註 26〕作「menggun ku」（銀庫），《欽定清語》作「menggun namun」（銀庫）。雖然漢文意思不變，但滿文中「庫」字，已由原來音譯自漢文的「ku」，改爲意譯的「namun」。

「坐糧廳衙門」滿文，《同文彙集》與乾隆元年（1736）七月二十四日檔案〔註 27〕均音譯作「dzo liyang ting」（坐糧廳）。而《欽定清語》意譯作「jeku i baita be tefi icihiyara yamun」，即「坐糧事務辦理的衙門」。

「鑾儀衛」滿文，《同文彙集》和《同文分類》均作「faidan i yamun」（儀仗的衙門），乾隆六年（1741）十一月二十三日檔案〔註 28〕已改譯作「faidan be kadalara yamun」，即「管理儀仗的衙門」，《欽定清語》作「dorgi faidan be kadalara yamun」，即「管理內儀仗的衙門」，說明專屬內廷的性質。

「宗人府」之滿文，《同文彙集》、《同文分類》及乾隆二年（1737）二月初六日檔案〔註 29〕滿文均音譯作「dzung žin fu yamun」（宗人府衙門），《欽定清語》意譯作「uksun be kadalara yamun」，即「管理宗室的衙門」，說明所辦理之事務，並非漢文易望文生義之「府邸」。

「中書科」滿文，《同文彙集》和《同文分類》均作「jungsu k'o yamun」（中書科衙門），乾隆十二年（1747）十月的檔案作「jungsu k'o」（中書科），〔註 30〕均爲漢文音譯。而《欽定清語》意譯作「fungnehen icihiyara kungge」，即「辦理封誥的衙門」。

「太醫院」之滿文，《同文彙集》、《同文分類》均音譯作「tai i yuwan yamun」（太醫院衙門），而史語所藏內閣大庫檔案於雍乾年間，僅乾隆元年（1736）八月十七日檔案印文作「tai i yuwan yamun」（太醫院衙門），〔註 31〕

〔註 25〕《史語所藏內閣大庫檔案》，015257-001。
〔註 26〕《史語所藏內閣大庫檔案》，015257-001。
〔註 27〕《史語所藏內閣大庫檔案》，104785-001。
〔註 28〕《史語所藏內閣大庫檔案》，053325-001。
〔註 29〕《史語所藏內閣大庫檔案》，055705-001。
〔註 30〕《史語所藏內閣大庫檔案》，147444-001。
〔註 31〕《史語所藏內閣大庫檔案》，085293-001。

也有些模糊，故取順治十年（1653）十一月初九日檔案〔註 32〕列表對照，亦作「tai i yuwan yamun」（太醫院衙門）。而《欽定清語》改為意譯，作「dorgi oktosi yamun」，即「御醫衙門」。

「奉宸院」滿文，《同文彙集》音譯作「fung cen yuwan」（奉宸院），《同文分類》及內閣大庫檔案均無對應之滿文，而《欽定清語》意譯作「dorgi belhere yamun」，即「內預備的衙門」。

大致來說，這些清代的官司衙署名稱，即使是漢人識得漢文，也未必能明白所司何事，但是透過滿文的解讀，便能有所掌握，甚至能糾正漢文容易誤解之處。而乾隆帝也因滿人久居中國，當時通行的滿語中時常夾雜著漢語，憂心滿人會逐漸忘記自己民族的語言，故而開始釐定清語，使得原先借自漢語音譯的滿文，或意義不甚明瞭的詞彙，能用最恰當的滿文表達出來。

欽定清語之後，接下來必然是思考如何推廣了。作為滿人學校之教材及科舉考試出題範疇之《四書》，必然走上以欽定清語為準的重譯之路。

第三節　滿文避諱問題

「避諱」一詞，陳垣先生云：「民國以前，凡文字上不得直書當代君主或所尊之名，必須用其他方法以避之，是之謂避諱。」〔註 33〕其意指的是「文字避諱」。「文字避諱」看來似乎是漢族特有的文化之一，將避諱之禮俗，運用在漢字表現上，方法為：改字、空字、缺筆、改音等。那麼滿人是否也知避諱，行諸文字？據《清實錄．太宗文皇帝實錄》卷二記載，天聰元年（1627）三月十四日，副將劉興祚與朝鮮國王李倧之間的一段對話，當中提及「爾先時令我使臣戲舞，又呼我先帝諱，有曾否賓天之問；愚妄如此，何以議和？」〔註 34〕劉興祚是極受重用的漢官，此語也反映出當時直呼帝名實為不敬。順治朝經由相關公文檔案推斷，已有御名避諱事實（詳下）。到了康熙元年（1662）二月二十七日，史語所藏冊檔，明確地記載了紫禁城門中的「玄武門滿漢字俱改為北極門」，滿文作：hiowan u men be manju nikan bithe be halafi manju bithede amargi dulimbai duka, nikan bithe de be gi men obuha。〔註 35〕

〔註 32〕《史語所藏內閣大庫檔案》，007209-001。

〔註 33〕陳垣，《史諱舉例》（北京：中華書局，2009），序，頁 1。

〔註 34〕《清實錄．太宗文皇帝實錄》卷 2，天聰元年三月十四日。

〔註 35〕《史語所藏內閣大庫檔案》，287563-001。

圖 4-2　「玄武門」改為「北極門」檔案。

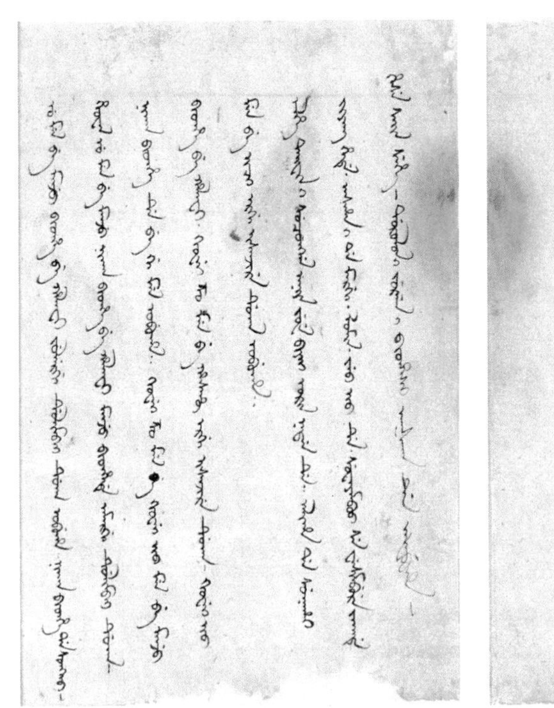

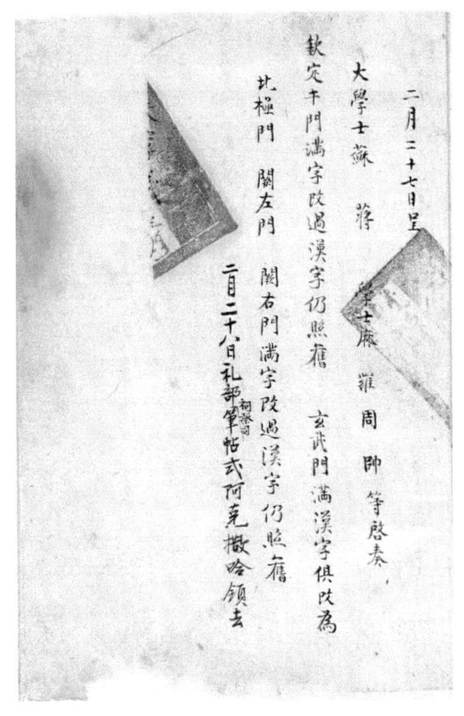

二月二十七日呈

大學士蘇　蔣　學士麻　羅　周　帥　等啓奏

欽定午門滿字改過漢字仍照舊　玄武門滿漢字俱改爲

北極門　闕左門　闕右門滿字改過漢字仍照舊

二月二十八日礼部祠祭司筆帖式阿克撒哈領去

資料來源：《史語所藏內閣大庫檔案》，287563-001。

康熙帝名玄燁，滿文作「hiowan yei」，「玄武門」之「玄」與帝名第一字漢文及滿文均相同，改爲「北極門」實出有因。

圖 4-3　「玄燁」、「玄武門」滿漢文對照

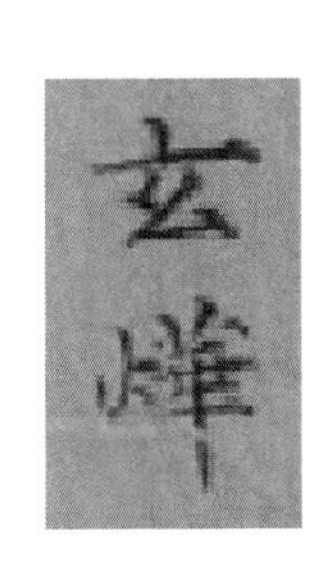

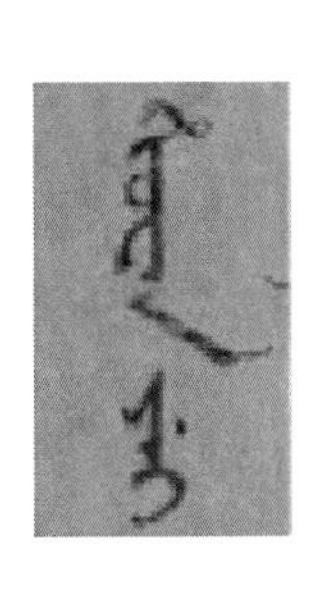

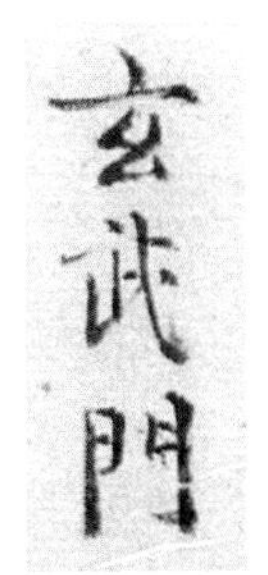

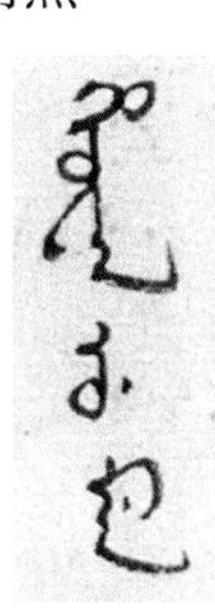

資料來源：《史語所藏內閣大庫檔案》，087506-001、287563-001。

「北極門」滿文音譯作「be gi men」，意譯作「amargi dulimbai duka」，即「北中門」，正與「南中門」滿文作「julergi dulimbai duka」之「午門」南北相對。《清實錄》中最早出現「神武門」一詞，是在康熙十一年（1672）正月

二十四日:「辛未。上奉太皇太后往赤城湯泉。是日啓行,上隨輦步行,至神武門乘馬,出德勝門,駐蹕鞏華城。」〔註 36〕據此可知,「玄武門」於康熙元年改爲「北極門」,至於何時改稱「神武門」,可能在康熙十一年或者更早。同份文件中亦提及「左掖門」,滿文音譯作「dzo yei men」,「右掖門」滿文音譯作「io yei men 」,「掖」音譯「yei」,與康熙帝名第二字「燁」之滿文「yei」相同,此時未見避改。

圖 4-4 「左掖門」、「右掖門」滿漢文對照

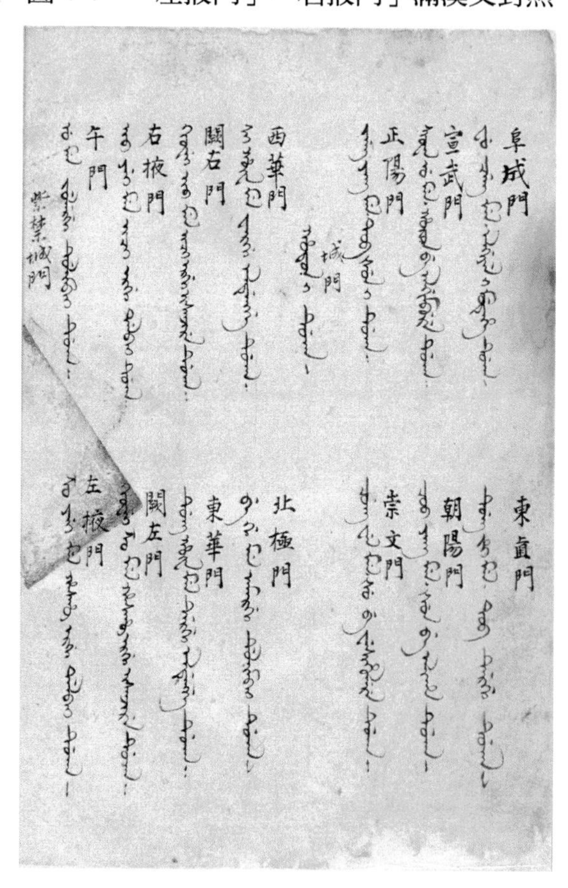

資料來源:《史語所藏内閣大庫檔案》,287563-001。

值得注意的是,「宣武門」之「宣」,與帝名「玄」字漢音相同,聲調不同,也未見避改。但「宣」之滿文音譯,並非一開始即作「siowan」,以下列表說明。

〔註 36〕《清實錄·聖祖仁皇帝實錄》,卷 38,康熙十一年正月二十四日。

表 4-2　「宣」字滿文改譯時期

漢文	滿文	羅馬拼音	譯文	日期	檔案登錄號
宣府 （原件無漢文）		hiowan fui	宣府（的）	順治 2.11.23	167578-001
宣府		hiowan fu	宣府	順治 3.10.29	005765-001
宣大		hiowan dai	宣大（的）	順治 5.5.20	005574-001
宣府		hiowan fui	宣府（的）	順治 6.12	118159-001
宣大		hiowan dai	宣大（的）	順治 8.9.17	005724-001
宣大		hiowan dai	宣大（的）	順治 10.6.1	005799-001
宣大		hiowan dai	宣大（的）	順治 11.12.5	006130-001
宣大		hiowan dai	宣大（的）	順治 12.7.3	008958-001
宣大		siowan dai	宣大（的）	順治 12.9.6	008854-001

宣大		siowan dai	宣大（的）	順治 13.12.4	005715-001

資料來源：史語所藏內閣大庫檔案。

從內閣大庫所藏清代公文檔案中可以發現，「宣大山西總督」官銜之「宣」字，從順治初年到順治十二年皆作「hiowan」，與康熙帝御名第一字相同。康熙帝生於順治十一年（1654）三月十八日，翌年「宣」之滿文即改作「siowan」，此後固定不變，清代的官銜與官印具有公信力，不可擅自更改，或許是與皇子名「hiowan」之避諱有關，沿用下來致使人誤以為「宣」之滿文原本就作「siowan」。以宣大山西總督馬之先為例，順治十二年官印滿文仍用「hiowan」，到了順治十三年一月時官印卻改作「siowan」，實非尋常。而葉高樹教授據《二十二史箚記》，認為漢人並無避皇子名之習，滿人亦同。但筆者認為滿人避諱是否皆仿效漢人不得而知，故此處暫且擱置，待有其他史料再詳論證。

圖 4-5　「宣大山西總督」之「宣」字滿文改譯對照

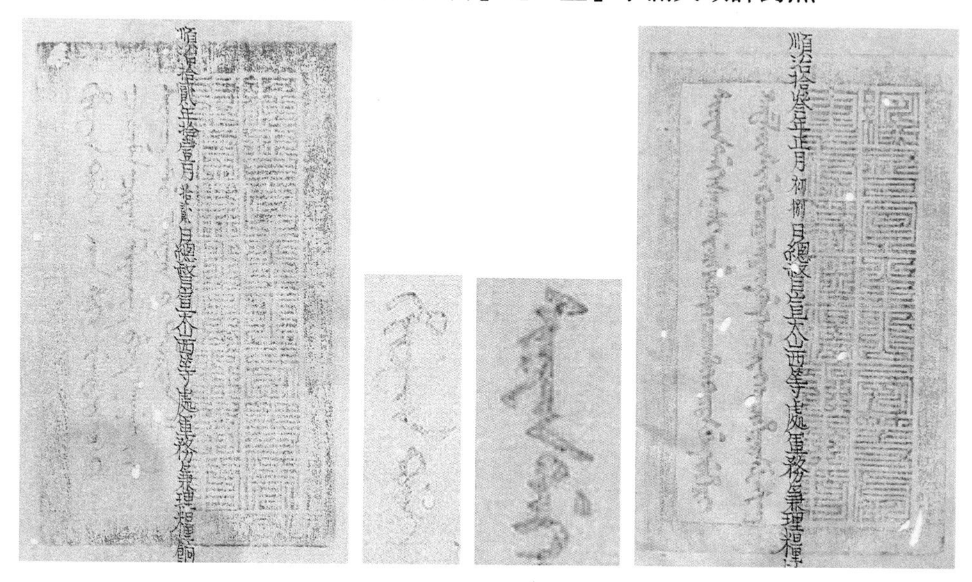

資料來源：《史語所藏內閣大庫檔案》，006314-001、008975-001。

由上可知，滿文的文字避諱的確存在，至少康熙朝已有跡可循。而雍正帝名「胤禛」，滿文作「in jen」。即位後將同輩兄弟名第一字「胤」改為「允」，後人有諸多負面評價。

圖 4-6　「胤」字避諱改為「允」字滿漢文對照

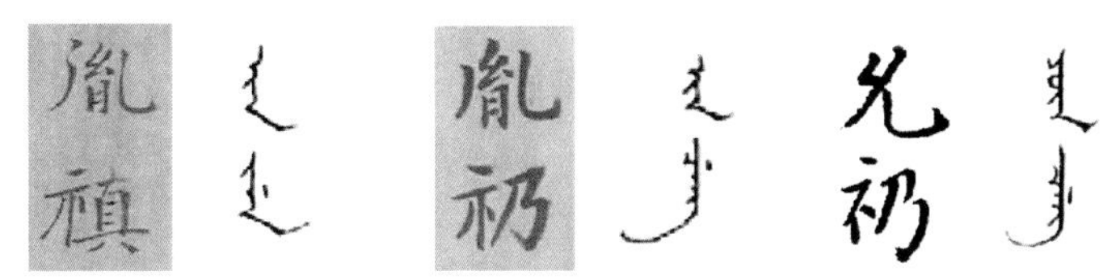

資料來源：《史語所藏內閣大庫檔案》、《聖祖仁皇帝實錄》、《世宗憲皇帝實錄》。

《清實錄・世宗憲皇帝實錄》卷二，康熙六十一年十二月二十日記載：

> 先是，宗人府奏稱，親王、阿哥等名上一字與御諱同，應請更定。上以名諱由聖祖欽定，不忍更改，禮部宜奏請皇太后裁定。至是禮部等衙門具摺啓奏，得旨。朕曾奏聞皇太后，諸王、阿哥名上一字，著改爲允字。〔註 37〕

此段說明親王、阿哥等避諱雍正帝御名，是由宗人府所奏請，而由皇太后裁定。在《清實錄》中亦見乾隆帝另一道上諭，述及其父雍正帝因改兄弟之名心中確實的感受。

> 諭總理事務王大臣：朕之兄弟等，以名字上一字與朕名相同，奏請更改。朕思朕與諸兄弟之名，皆皇祖聖祖仁皇帝所賜，載在玉牒。若因朕一人而令眾人改易，於心實有未安。昔年諸叔懇請改名，以避皇考御諱，皇考不許。繼因懇請再四，且有皇太后祖母之旨，是以不得已而允從，厥後常以爲悔，屢向朕等言之，即左右大臣，亦無不共知之也。古人之禮，二名不偏諱。若過於拘泥，則帝王之家，祖父命名之典，皆不足憑矣。朕所願者，諸兄弟等修德制行，爲國家宣猷効力，以佐朕之不逮，斯則尊君親上之大義，正不在此儀文末節間也。所奏更名之處，不必行。〔註 38〕

乾隆帝即位，總理事務王大臣循例奏請皇帝之兄弟改名，但未獲允准。理由一如上諭中所言，祖父所賜之名，輕易更改，「則帝王之家，祖父命名之典，皆不足憑矣。」何況其父雍正帝「常以爲悔」，屢次向他提及，連左右大臣都

〔註 37〕《清實錄・世宗憲皇帝實錄》，卷 2，康熙六十一年十二月二十日。
〔註 38〕《清實錄・高宗純皇帝實錄》，卷 2，雍正十三年九月初九日。

知道。因此，他認爲兄弟改名是「儀文末節」，無此必要。然而對於臣子及天下百姓，想法又有不同。

乾隆二十八年（1763）九月初一日，福建學政紀昀具奏敬避廟諱御名一摺，帶來重大的改變。奏摺中提及：

> ……伏查科場條例，鄉會試卷有不敬避廟諱、御名者，處分綦嚴。其小試文字，自應一體敬避，于臣子之分始安。臣荷蒙天恩，簡畀福建學政，現已考過興化、永春、泉州、漳州四棚，所閱生童試卷，不知敬避者甚多。臣于發落之日，嚴加詰責，咸以不知悞犯爲詞。詢厥所由，蓋因所誦四書五經，多係坊間刊板，其間字與廟諱、御名相同者，皆未嘗遵例缺筆。士子童而習之，是以罔知所避，殊非臣子敬謹之義。伏考唐代石經、宋時監板，于當時諱字皆缺一筆，似應援據此例。請勅下該部通飭各省書坊，凡四書五經之中，字同廟諱、御名者，皆遵例缺筆，以昭敬謹；其舊板亦令刊補，以昭畫一。抑臣更有請者，現在所行官韻，乃雍正年間所刊，聖祖、世宗廟諱皆已敬避不載，而蒸韻、錫韻之内，尚全書皇上御名，臣于考試古學之時，見生童多據韻押用，亦屬致悞有因，應并請照宋人禮部韻略之例，勅武英殿敬避重刻，于體制尤爲允協。……〔註 39〕

九月十九日具題後，經軍機大臣會議，大學士傅恒奏曰：

> ……查鄉會試卷定例，責令士子敬避廟諱、御名，所以昭敬謹之意，其生童試卷，自應一體敬避書寫。臣等恭檢舊例，聖祖仁皇帝聖諱，上一字寫「元」字，下一字寫「爗」字；〔註 40〕世宗憲皇帝聖諱，上一字寫「允」字，下一字寫「正」字。〔註 41〕

〔註 39〕《史語所藏內閣大庫檔案》，147929-001，禮部移會稽察房所抄錄之附件。

〔註 40〕參《清實錄．世宗憲皇帝實錄》，卷 13，雍正元年十一月初九日。「乙酉。諭大學士等：古制凡遇廟諱字樣，於本字內但缺一筆，恐未足以伸敬心。昨朕偶閱時憲曆二月月令內，見聖祖仁皇帝聖諱上一字，不覺感痛，嗣後中外奏章文移，遇聖諱上一字，則寫「元」字。遇聖諱下一字則寫「爗」字，爾等交與該部，即遵諭行。

〔註 41〕參《清實錄．高宗純皇帝實錄》，卷 2，雍正十三年九月初四日。「定廟諱字。諭曰：自古臣子之於君父，皆有諱名之義，載在《禮》經，著於史冊，所以展哀慕而致誠敬也。雍正元年，皇考特頒諭旨，謹將聖祖仁皇帝聖諱二字，欽定避易書寫。今朕紹承大位，哀慟方深，皇考聖諱理應恭避。敬遵皇考從前欽定典制，嗣後凡內外各部院文武大小衙門一切章奏文移，遇聖諱上一字，至本字敬謹避書，科場久已著爲定例，惟是坊本經書尚仍全刻本字，自應倣照唐石經、宋監板之例；凡遇廟諱，俱行刊去末一筆。再，聖祖仁皇帝聖諱上一字、加有偏旁之字，在武英殿官韻，業經一體缺筆，而坊刻經書亦未刊缺。臣等恭擬聖祖仁皇帝聖諱上一字，如偏旁加有「弓」、「金」等字，並缺一點，以昭敬謹。至于聖祖仁皇帝聖諱下一字，並世宗憲皇帝聖諱，查檢字書原無加有偏旁之字，毋庸另爲校正。伏惟皇上御名，于雍正十三年恭奉諭旨，上一字減一點，下一字中「秝」字寫作「林」字，〔註 42〕雖未曾將本字全行敬避，但臣等伏查武英殿所刻官韻暨各經書內，于御名本字尚係全書，而加有偏旁之字亦俱未行缺筆，殊非敬謹之道，自應欽遵從前諭旨，御名上一字少一點，下一字中「秝」字作「林」字。至御名上一字如偏旁加有「水」、「絲」等字，並行缺點，著爲程式，所有經史等書，悉行依此改正；其宗室、王、公及大臣等名內，有與御名上一字相同，在雍正十三年以前者，久經遵照從前諭旨缺筆書寫毋庸改易外，若在乾隆元年以後，自宗室、王、公等外，斷無敢以御名命名之理。至科場文字及一切文移書奏，凡遇應用御名上一字者，臣等敬擬俱寫「宏」字，應用御名下一字者，俱寫「歷」字，庶臣子之心稍安，而于音義亦協，如蒙俞允，臣等行知武英殿，令將所刊書板詳悉校正，並交與該部纂入科場條例，如有誤書者，依不諳禁例處分，併行文各

則書『允』字，聖諱下一字，則書『正』字，著總理事務王大臣交部敬謹遵行。」

〔註 42〕參《清實錄．高宗純皇帝實錄》，卷 3，雍正十三年九月二十日。「又諭：據大學士鄂爾泰等奏請迴避朕之御名，上一字擬書『宏』字，下一字擬書『歴』字。朕思尊君親上，臣子分誼當然，但須務其大者，以將恭敬。至於避名之典，雖歷代相沿，而實乃文字末節，無關於大義也。中外臣工，如身膺文職者，當思宣猷布化，裨益於國計民生。官居武職者，當思効力抒忠，奏績於疆埸牧圉。士子讀書勵行，黎民守法奉公，方爲克盡愛戴尊崇之實。若但於御名謹避，將字畫更改，並失其字之本義。揆諸古人，二名不偏諱之理既不相符，且區區拘泥之見，亦不足以明敬悃，甚無取焉。所請改寫『宏』字、『歴』字，不必行。嗣後凡遇朕御名之處，不必諱。若臣工名字有同朕，心自不安者，上一字著少寫一點，下一字將中間『禾』字書爲『木』字，即可以存迴避之意矣。爾部可傳諭中外，一體遵行。」又，大學士鄂爾泰之奏摺原件，參《史語所藏內閣大庫檔案》，021379-001。

省一體敬謹遵奉，並令各省學政轉飭各該管教官刻成式樣，曉諭士子，俾考試皆得有所遵循，仍轉飭書坊人等，將經籍舊存之板詳校改正刊補印售，毋致貽悞可也，謹奏。〔註 43〕

福建學政紀昀奏請坊間所刻四書五經與廟諱、御名相同者，皆須缺筆；現行官韻內蒸韻、錫韻未避乾隆帝御名者，須令武英殿重刻。依據此件奏摺，亦可思考數點：一、當時中央政令並未徹底執行於地方，坊間所刻四書五經均未避諱，以致生童不知敬避皇帝御名。二、清代漢文的避諱方式，可說是襲自中國古代，特別是參考唐石經、宋監板的標準，採用缺筆方式。三、雍正年間官韻已避聖祖、世宗廟諱，不避仍是阿哥身份之乾隆帝御名。四、乾隆年間官韻之蒸韻、錫韻始避乾隆帝名諱。

紀昀的奏摺，的確引起乾隆帝的重視，因而下旨令軍機大臣與禮部會議。經過詳慎的會商，大學士傅恒奏摺內，提供了許多訊息。清代前期皇帝御名避諱，雍正朝遇聖祖「玄燁」之名，上一字改「元」，下一字改「煜」；遇世宗「胤禛」之名，上一字改「允」，下一字改「正」；遇高宗「弘曆」之名，上一字末筆少一點，下一字中「秝」字寫作「林」字。而武英殿官韻中，遇聖祖「玄燁」之名上一字及加有偏旁之字，皆已缺末筆。自乾隆二十八年開始，科場文字及一切文移書奏，將高宗「弘曆」之名，上一字改「宏」，下一字改「歷」。遇廟諱皆去末筆；在官韻中遇聖祖之名上一字，及「玄」字偏旁加「弓」、「金」，皆要缺一點；遇高宗「弘曆」之名，上一字少一點，下一字中「秝」字作「林」字。「弘」字偏旁加有「水」、「糸」等字，皆須缺一點，並溯及乾隆元年。所述甚為繁複，以下列表較易理解

表 4-3　雍、乾二朝廟號、帝名避諱表

	廟號聖祖	名玄燁	廟號世宗	名胤禛	廟號高宗	名弘曆
雍正 1.11.9		上字改元 下字改煜				
雍正		武英殿官韻「玄」及加偏旁字缺末筆				

〔註 43〕《史語所藏內閣大庫檔案》，103480-001，本件內容為刻版印刷；亦見於 081488-001，係書吏手抄。

雍正 13.9				上字改允 下字改正		上字末筆少一點，下字中間禾改木
乾隆 28.9	坊間版本去末筆	武英殿官韻「玄」加偏旁「弓」、「金」字缺一點	坊間版本去末筆		坊間版本去末筆	武英殿官韻上字末筆少點，下字中禾改木；「弘」字偏旁「水」、「糸」字少一點。 科場及文移奏書上字改宏，下字改歷

資料來源：《史語所藏內閣大庫檔案》，147929-001。

此項大學文字避改工程，至乾隆三十二年（1767）仍在進行中，以大學士「陳宏謀」爲例，乾隆三十二年五月之題本仍作「陳弘謀」，「弘」字末筆少一點，七月之題本即換作「陳宏謀」。同樣是「弘」字，「弘曆」之「弘」滿文作「hung」，「陳弘謀」之「弘」滿文作「hūng」。

圖 4-7　陳弘謀避諱御名所改滿漢字

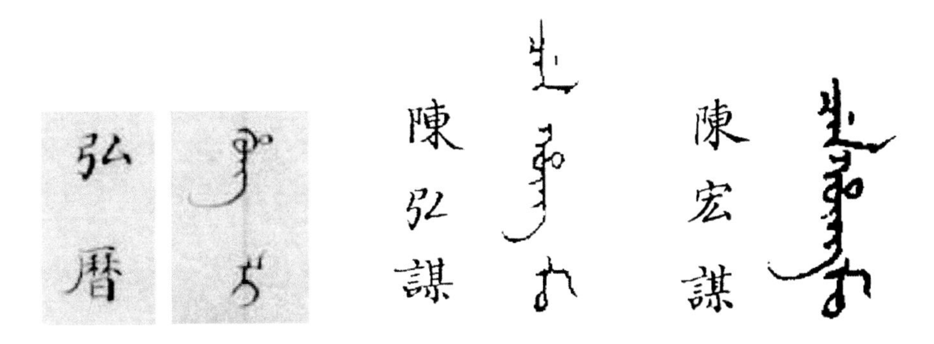

資料來源：《史語所藏內閣大庫檔案》，153980-001、064856-001、080407-001。

藉由乾隆三十二年六月一件移會可知，陳宏謀改名確實日期在乾隆三十二年六月初六日。

圖 4-8　陳宏謀改名日期檔案

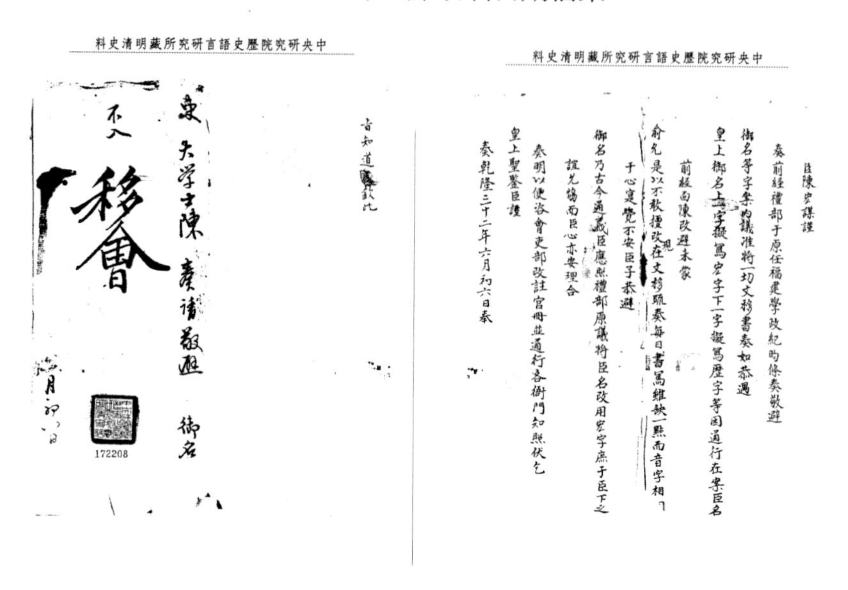
中央研究院歷史語言研究所藏明清史料

東 大學士陳 奏請敬避 御名

不入

移會

月初□日

172208

旨知道了欽此

中央研究院歷史語言研究所藏明清史料

臣陳宏謀謹
奏前經禮部于原任福建學政紀昀條奏敬避
御名等字案內議准將一切文移書奏如恭遇
皇上御名上一字擬寫宏字下一字擬寫歷字等因通行在案臣名
前經面陳改避未蒙
俞允是以不敢擅改在文移題奏每日書寫雖缺一點而音字相
于心寔覺不安臣子恭避
御名乃古今通義臣應照禮部原議將臣名改用宏字庶于臣下之
誼允協而臣心亦安理合
奏明以便咨會吏部改註官冊並通行各衙門知照伏乞
皇上聖鑒臣謹
奏乾隆三十二年六月初六日奉

雖然軍機大臣與禮部如此慎重地進行大規模的文字避諱，但乾隆帝心中始終是另一種想法，由乾隆三十四年（1769）九月初二日所降諭旨中可以得知。

> 本日內閣進呈河南巡撫題本一件，票簽內於「宏」字缺寫一點，甚屬無謂。避諱之說，朕向不以爲然，是以即位之初，即降旨於御名上一字，只須少寫一點，不必迴避。後因臣僚中有命名相同，心竊不安，屢行陳請者，始許其易寫「宏」字。其實臨文之體，原可不必，故於前代年號、地名，凡有引用之處，概令從舊，不准改易。至於臣子尊君奉上，惟在殫心宣力，爲國爲民，方爲克盡誠敬，豈在字畫末節，拘拘於小廉曲謹哉？且「宏」字已屬避寫，即於本字無涉，若因字異音同亦行缺筆，輾轉相仍，必至「八」、「紘」等字概從此例，勢將無所底止，復成何事體耶？此簽即著補點。嗣後俱照此書寫，將此通諭中外知之。欽此。〔註 44〕

在乾隆帝想法認爲文字避諱是末節小事，臣子若要尊君奉上，惟在殫心宣力，爲國爲民。所以他向來不以爲然，但是仍採納諸臣意見，允從文字避諱御名。因此，清代皇帝之御名、廟號滿漢文避諱，是值得重視的問題。滿人亦有敬

〔註 44〕《史語所藏內閣大庫檔案》，245926-001

畏君主避與尊長同名之俗，但不如漢人這般繁瑣，僅是改字而已。也由於漢字結構容許缺一點、缺一畫仍能辨識，故而創造了另一種避寫方式。滿洲皇帝在學習中國文化之餘，也將這種繁文縟節一併採納，不同時期又有不同的標準，書海浩瀚，有的版本更改，有的無法溯及，帶給後人在辨識史料及古籍版本上相當大的難度。而一般人皆知漢文有避諱之俗，不知滿文亦有避諱之習。唯不見於《清實錄》等相關記載，須藉由清代公文等相關檔案史料加以比對，始可掌握。

其次，避諱之法亦運用在政治上的敏感書寫。滿人是否忌諱被漢人視爲「夷」、「狄」之類，是否不允許漢人書寫這些字而必須避諱？雍正帝曾下諭摒斥漢人此等習俗：

> 朕覽本朝人刊寫書籍，凡遇「胡」、「虜」、「夷」、「狄」等字，每作空白，又或改易形聲。如以「夷」爲「彝」、以「虜」爲「鹵」等字樣，〔註45〕閱之殊不可解。〔註46〕揣其意，蓋妄爲觸本朝之忌諱，曰：避之以明其敬慎。〔註47〕不知此固背理犯義，而不敬之甚者也。〔註48〕夫中外，〔註49〕地所畫之境也。上下，〔註50〕天所定之分也。我朝肇基東海之濱，統一中國，〔註51〕君臨天下。所承之統，堯舜以來，中外一家之統也。所用之人，大小文武，中外一家之人也。所行之政，禮樂征伐，中外一家之政也。內而直隸各省臣民，外而蒙古極邊諸部落，以及海澨山陬、梯航納貢之異域遐方，〔註52〕莫不尊親奉以爲主。乃復追溯開創帝業之地目爲外夷，以爲宜諱於文字之間，是徒辨地境之中外，而竟忘天分之上下，不且背謬已極哉！孟子曰：「舜，東夷之人也。文王，西夷之人也。」舜，古之聖帝，而孟子以爲夷。文王，周室受命之祖，孟子爲周之臣子，亦以文王爲夷。然則「夷」之字義，〔註53〕不過方域之名，自古聖

〔註45〕《清實錄》作：以虜爲鹵之類。
〔註46〕《清實錄》作：殊不可解。少「閱之」二字。
〔註47〕此句《實錄》作：蓋爲本朝忌諱，避之以明其敬慎。
〔註48〕《清實錄》作：不知此固背理犯義，不敬之甚者也。
〔註49〕《清實錄》作：夫中外者。
〔註50〕《清實錄》作：上下者。
〔註51〕《清實錄》作：統一諸國。
〔註52〕《清實錄》作：梯航納貢，異域遐方。
〔註53〕《清實錄》作：然則夷之字樣。

賢，不以爲諱也明矣。〔註 54〕至以「虜」之一字加之本朝，尤爲錯謬。《漢書》注云：〔註 55〕生得曰虜。爲生得其人，〔註 56〕以索貫而拘之也。敵國分隔，互相詆詆；北人以南爲島夷，南人以北爲索虜。漢、唐、宋、元、明，邊烽不息，每於不能臣服之國，反以爲爲虜。〔註 57〕我滿洲住東海之濱，〔註 58〕並非胡人，亦從未被虜。〔註 59〕若言東夷之人則可，況今普天之下，〔註 60〕率土皆臣。雖窮邊遠徼，我朝猶不忍以虜視之。惟準噶爾背天逆命，自棄于王化之外，或可呼之爲胡虜耳。至若王師入關，漢人順命，心悅誠服而爲臣子。在本朝雖不忍以漢人爲虜，而律以生得之義，漢人實乃本朝之虜也。乃轉以本朝爲虜而諱言之，豈獨昧於大義，并字義亦失之矣，不亦謬乎？〔註 61〕總之，帝王之承天御宇，中外一家也；上下一體也。〔註 62〕君父臣子之分，定於天也。尊親忠孝之情，根於性也。〔註 63〕未聞臣子之於君父，合體同心，猶可以絲毫形跡相歧視者也。我朝正位建極，百年於玆矣。〔註 64〕列聖相承，功德隆盛。迨世祖章皇帝入撫中夏，〔註 65〕救斯民於水火而登之衽席，仁心仁政，洋溢中國。聖祖仁章帝臨御六十餘年，深仁厚澤，淪肌浹髓。中國之聖主，自堯舜以來，能倫比者幾幾？〔註 66〕朕以凉德，纘承統緒，勤求治理，勉效祖考。雖未能跂及萬一，然十載之秉公矢誠，朗如天日。滿漢蒙古，竝無歧視，此心久爲臣民所共曉矣。〔註 67〕

〔註 54〕《清實錄》作：自古聖賢，不以爲諱也。
〔註 55〕《清實錄》作：《漢書》注曰。
〔註 56〕《清實錄》作：謂生得其人。
〔註 57〕《清實錄》作：指之爲虜。
〔註 58〕《清實錄》作：我滿洲居東海之濱。
〔註 59〕此句「並非胡人，亦從未被虜。」《清實錄》無。
〔註 60〕《清實錄》作：今普天之下。
〔註 61〕「至若王師入關，漢人順命，心悅誠服而爲臣子，在本朝雖不忍以漢人爲虜，而律以生得之義，漢人實乃本朝之虜也。乃轉以本朝爲虜而諱言之，豈獨昧於大義，并字義亦失之矣，不亦謬乎？」此段爲《清實錄》所無。
〔註 62〕《清實錄》作：中外一家、上下一體。
〔註 63〕《清實錄》作：君父臣子之分定於天，尊親忠孝之情根於性。
〔註 64〕《清實錄》作：百年於玆。
〔註 65〕《清實錄》作：世祖章皇帝入撫中夏。
〔註 66〕《清實錄》作：能倫比者有幾？
〔註 67〕《清實錄》作：此心久爲臣民所共曉。

夫滿漢名色，猶直省之各有籍貫也。文移字迹，未便混同，初非留此，以爲中外之分別，〔註68〕乃昧於君臣之義者，〔註69〕不體列聖撫育中外，廓然大公之盛心，猶泥滿漢之形迹，於文藝紀載間，刪改「夷」、「虜」諸字，以避忌諱。將以此爲臣子之尊敬君父乎？不知即此一念，已犯侮慢大不敬之罪，〔註70〕而不可逭矣。此皆始作之大奸大逆譏訕之辭，後人由之而不覺淺，夫寡識至於如此。朕於《大義覺迷錄》中，曾經詳悉開導，實憫天下士民無知，而自蹈於大罪，想天下士民今已深悉，茲見書籍避忌之謬妄，重爲反覆曉諭。〔註71〕嗣後臨文作字及刊刻書籍，如仍蹈前轍，將此等字樣空白及更換者，照大不敬律治罪。各省該督撫學政有司，欽遵張揭告示，窮鄉僻壤，咸使聞知。其從前書籍，若一槩責令填補更換，恐卷帙繁多，或有遺漏。而不肖官吏，遂借不遵功令之名，致滋擾累，著一併曉諭。有情願填補更換者，聽其自爲之。特諭。〔註72〕

從此件雍正十一年（1733）四月二十八日內閣抄出之漢字諭旨，可知漢人心中始終將滿人視爲胡、虜、夷、狄之類，但迫於政治上居於劣勢，只得屈從。有趣的是，漢人在心態上一方面鄙視滿人，一方面又畏懼其權威，故而將此類字眼代以空白或更換，避免滿人看到心中不悅，或招致殺身之禍。但是站在身爲滿人的雍正帝來看，顯得格外刺眼。他之所以下了這道諭旨，表面說辭看似改字後頗費理解，實則是心中對漢人如此作法表達強烈的不滿。他認爲滿人「並非胡人，亦從未被虜」，住東海之濱，可說是東夷之人，一如孟子所言：「舜，東夷之人也。文王，西夷之人也。」將滿人擡與古代聖人同列，但漢人竟然視滿人爲「虜」，不僅「昧於大義並字義亦失」。故其言：「至若王

〔註68〕《清實錄》作：猶直省之各有籍貫，竝非中外之分別也。句中「文移字迹，未便混同，初非留此」爲《清實錄》所無，且「以爲中外之分別」改成「竝非中外之分別也」。

〔註69〕《清實錄》作：若昧於君臣之義。

〔註70〕《清實錄》刪去「侮慢」，句末添一「矣」字。

〔註71〕此段「而不可逭矣。此皆始作之大奸大逆譏訕之辭，後人由之而不覺淺。夫寡識至於如此。朕於《大義覺迷錄》中，曾經詳悉開導，實憫天下士民無知而自蹈於大罪，想天下士民今已深悉，茲見書籍避忌之謬妄，重爲反覆曉諭。」爲《清實錄》所無。

〔註72〕參《史語所藏內閣大庫檔案》，127538-001，本件內容係刻版印刷，雖見於《清實錄．世宗憲皇帝實錄》，卷 130，雍正十一年四月二十八日，但內容有出入。

師入關，漢人順命，心悅誠服而為臣子。在本朝雖不忍以漢人為虜，而律以生得之義，漢人實乃本朝之虜也。乃轉以本朝為虜而諱言之，豈獨昧於大義，并字義亦失之矣，不亦謬乎？」這段雍正帝心中眞正的想法，會挑起滿漢仇恨的情緒性字句，在乾隆朝所修的《世宗憲皇帝實錄》中盡行刪去，唯獨存留於公文檔案之中。

雍正帝諭旨一下，之後臨文作字及刊刻書籍，如果有人再將「胡」、「虜」、「夷」、「狄」等字樣空白及更換者，照大不敬律治罪。因此，雍正十一年（1733）四月以後，這類文字更不能避諱。因此，這證據提供了滿文在繙譯《四書》時，所遇到的「夷」、「狄」等字是否避諱的問題。

滿人最初在接觸漢人文化時，對於先秦典籍，並非全然明白其歷史與典章制度等，在繙譯的過程遇到許多難解的辭彙，最簡便之法，即是照字音譯。是故初期繙譯漢文典籍，存在著許多音譯字，這些對滿人而言是無意義的，如「sy šu」一辭，很難憑音猜測究竟是什麼，但是繙作「duin bithe」意義就明白了，所指的是「四書」。而前者是順治朝、康熙朝之譯法，後者則是乾隆朝時改譯。同樣道理，「i di」二音對滿人而言，不知所云為何，頗費理解，但若改為「tulergi aiman」意思就清楚了，所指的是「外面的部落」。乾隆朝大規模的改譯前朝舊譯，主要是為了使譯文更加清楚，讓滿人能容易理解。若說乾隆帝是因忌諱「夷」、「狄」這類敏感字眼而改譯，那麼就違背了其父雍正帝的說法，自己身為東夷之人，與舜、周公聖人相等，如果禁人書寫，即是承認「夷」的身份低人一等，有自慚形穢之嫌。是故，他不應避諱，也不當避書此類字。

綜上所述，文字避諱不僅僅是對文字本身的避寫或改易，更重要的是背後的所賦予之意義，這種漢人尊君敬長行諸文字之禮俗，也影響了入關後的滿人。雖然滿人原有敬避汗之名諱，但僅是避稱改字而已，入關後從漢人處學得漢字避諱方法，對漢文的要求更加繁複，不論行文書寫、印刷書籍、作詩押韻無處不運用，使得這種尊君敬長的思想更加強化，目的在使滿漢官員及士子百姓敬畏君主不敢犯上，潛移默化百年的結果，使得天下百姓逐漸接受異族成為中國皇帝的事實。

第四節　滿文繙譯《四書》與考證學

一、清代學術轉向考證之原因

論清代學術，不能不明宋明理學在清代的演變。理學自宋代興起，主要是延續唐代的儒家復興運動與佛老相抗衡，建立一套屬於儒家「道統」傳承的思想體系。明季陸王心學盛極一時，隨著朝代滅亡，成了讀書人所憎恨的清談心性誤國，清人陸隴其曰：

> 王氏之學徧天下，幾以聖人復起；而古先聖賢下學上達之遺法，滅裂無餘。學術壞而風俗隨之，其弊也，至於蕩軼禮法，蔑視倫常，天下之人，恣睢橫肆，不復自安於規矩繩墨之內，而百病交作。至於啓禎之際，風俗愈壞，禮義掃地，以至於不可收拾。其所從來，非一日矣。(《三魚堂文集學術辨上》)〔註73〕

明末社會氛圍如此，到了清初因而有所轉變。梁啓超在《中國近三百年學術史》中云：

> 清初因王學反動的結果，許多學者走到程朱一路，即如亭林、船山、舜水諸大師，都可以説是朱學者流。……故當晚明心學已衰之後，盛清考證學未盛以前，朱學不能不説是中間極有力的樞紐。〔註74〕

然而朱陸理學再度擡頭並非止此原因，而是篤好理學的湯斌、李光地、魏裔介、熊賜履等人充任日講官，藉由經筵日講，開啓了康熙帝對於理學的興趣，特別是朱子之學，康熙帝於〈御製朱子全書序〉中云：

> ……至於朱夫子集大成而緒千百年絕傳之學，開愚蒙而立億萬世一定之規，窮理以致其知，反躬以踐其實。釋《大學》則有次第，由致知而平天下，自明德而止於至善，無不開發後人而教來者也。五章補之於斷簡殘篇之中，而一旦豁然貫通之爲止，雖聖人復起，必不能逾此。問《中庸》名篇之義，則不偏不倚無過不及之名，未發已發之中，本之於時中之中，皆先賢所不能及也。《論語》、《孟》則逐篇討論，皆內聖外王之心傳於此道，人心之所關匪細，以五經則因經取義，理正言順，和平寬弘，非後世借此而輕議者同日而語

〔註73〕轉引自蕭一山，《清代通史》(臺北：臺灣商務印書館，1963)，第1冊，頁941。
〔註74〕梁啓超，《中國近三百年學術史》(臺北：里仁書局，2005)，頁148。

也。至於忠君愛國之誠，動靜語默之敬，文章言談之中，全是天地之正氣，宇宙之大道。朕讀其書，察其理，非此不能知天人相與之奧，非此不能治萬邦於袵席，非此不能仁心仁政施於天下，非此不能外內爲一家。讀書五十載，只認得朱子一生所作何事。……〔註 75〕

序中極力讚揚朱子之學問與思想，認爲朱子是傳千百年絕學之集大成者；所釋《大學》、《中庸》、《論語》、《孟子》四書，皆內聖外王心傳之道。惟有透過朱子著述，察其義理，才能知「天人相與之奧」、「治萬邦於袵席」、「仁心仁政施於天下」、「外內爲一家」，所以康熙帝自言「讀書五十載，只認得朱子一生所作何事」。這是對朱子思想一種深刻的體悟，他亦明白「漢人學問勝滿洲百倍」，〔註 76〕因而欲滿人習得漢人學問，而將頗有心得之《日講四書解義》繙成滿文，成一部《清文日講四書解義》頒賜滿臣，以便從中學習。

另一方面值得思考的是，清初程朱理學再度流行，此時是否無考證之學，而是從乾嘉以後才出現？溯及宋明理學興盛之時，考據學固然未成爲主流，但也從未消失不見踪跡，甚至連朱熹在考據方面的成就，亦超過清儒。林慶彰先生云：

宋人之中，須提出討論者爲大儒朱熹之考據學。朱子博極群書，其考據之語，分見《朱子語類》、《朱子文集》與《朱子雜學辨》中。其考據之成就，約可分兩點論之：其一，校勘古籍，如：劉共父、張敬夫據胡文定家傳本刻《二程集》、朱子貽書辨難，雖一字之異，一名之變，亦不惜旁稽博證。晚年更撰《韓文考異》，於校勘之方法頗多發揮，雖清儒亦自嘆不如也。其二，辨訂群書，如《辨僞古文尚書》、《毛詩序》、《左傳》、《禮記》及其他載籍。其中以疑《古文尚書》影響後人最大。然朱子並不以考據爲治學之最終目的，故云：「論爲學，考證已是末流，況此（指考草木）又考證之末流，恐自此不須更留意，却且收拾身心向裏做些工夫。」朱子蓋以考據爲治學之一端而已，如以一端爲全體，恐忘却身心修養等向內之工夫也。此種認識，最爲正確。惜明、清考據家未能明其意耳。〔註 77〕

〔註 75〕康熙帝，〈御製朱子全書序〉，《欽定四庫全書薈要》子部，頁 2～3。

〔註 76〕第一歷史檔案館整理，《康熙起居注》第 2 冊（北京：中華書局，1984），康熙二十六年六月初七日，頁 1639。

〔註 77〕林慶彰，《明代考據學研究》（臺北：臺灣學生書局，1986），頁 9～10。

可見集理學大成之朱子，亦精於考證，並非全然只講義理不明訓詁，只是有所取擇輕重。而林氏所撰《明代考據學研究》一書，提及明人從事考據者，雖不比清代人數多，亦有數十人，如楊慎、梅鷟、陳耀文、胡應麟、焦竑、陳第、周嬰、方以智等輩，著作亦達百種，適足以說明考據學始終延續著，即便在理學昌盛時代，也不乏有人專注於考據。到了清初，由於理學儒臣如熊賜履等成了經筵日講帝師，再加上康熙帝個人的喜好，程朱理學聲勢全然擡頭，朝廷也成了理學的天下。然而此時，考證之學亦未絕跡，從經筵日講制度的施行與《清文日講四書解義》的刊行中思考可以得知。

究其原因，在於對一名非漢族的皇帝而言，想要透過非母語之漢文來理解上古時代的儒家典籍，顯然有一定的困難度，再加上文化不同，漢文中許多詞彙滿文原本就無，如何找尋對應關係之字詞加以詮釋？而漢文原典歷來注疏甚夥，如果不是運用考證方法加以比對各家說法仔細推敲，該如何理解和解決繙譯上的問題？前舉清人吳振域《養吉齋叢錄》中例子可知，〔註78〕康熙帝精於審辨與考證，其讀書仔細，發現「柳下惠」同一名，在《論語》與《孟子》中的注解不同，便考考南書房諸臣，竟沒有人能回答，只好公布答案。另一次，詞臣用「貧樂好禮」來對句，有人提出《坊記》上之記載，應作「貧而好樂，富而好禮」來糾正他，康熙帝否定了二者所說，更進一步提出準確二例，《史記．弟子傳》及《後漢東平王論》均作「貧而好道，富而好禮」，將二人駁倒，此方法完全符合考證學「孤證不立」之原則。康熙帝能思索細辨諸經注解差異，又熟知典籍加以引證，其追根究柢之精神，自然能運用在滿文繙譯漢文典籍上，特別是刊行頒予諸臣之《清文日講四書解義》。康熙帝亦自云八歲即知訓詁方法，〔註 79〕可見其對於考證訓詁方法之熟稔。此外，總以祖父爲榜樣的乾隆帝亦好考證，甚且爲文，乾隆二十四年（1759）作〈濟源盤谷考證〉，乾隆二十八年（1763）作〈熱河考〉。〔註80〕均說明清帝雖好理學，亦不乏考證求實之精神。若以乾隆朝施行的「欽定清語」來看，乾隆帝一生皆在詳審滿漢字義對譯的考訂，說明其熱衷程度。而乾隆三十八年（1773）開館編纂《四庫全書》，任命紀昀爲總纂官，考證學

〔註78〕參（清）吳振棫，《養吉齋叢錄》，卷3。

〔註79〕「朕自五齡即知讀書，八齡踐祚，輒以《學》、《庸》訓詁詢之左右，求得大意而後愉快。」參第一歷史檔案館整理，《康熙起居注》第2冊，康熙二十三年十一月初四日，頁1249。

〔註80〕《國朝宮史》；《內閣大庫史料》。

勢力自此擡頭，若非乾隆帝贊同，館臣們如何能暢所欲言？乾嘉之際，考證學一躍成爲主流，並延續至清末，以致後人慣於將清代學術定位於考證學。

從上述諸例可知，清代考證學興起的原因，並不如梁啓超所言全歸於「反滿」或「反理學」，〔註 81〕如果從朝廷所進行的滿文譯書事業來看，自始即在運用考證方法求得古義及解決繙譯上的問題，諸帝對於求取學問的態度，是否也帶動了考證學的風行？這是一個值得深思且應納入考量的因素，顯然「反滿」及「反理學」的說法並不周遍，何況此說在余英時先生看來，皆是一種「外緣」因素；「都是從外緣來解釋學術思想的演變，不是從思想史的內在發展著眼，忽略了思想史本身的生命。」〔註 82〕

那麼，什麼是思想史的內在發展？余氏認爲朱、陸義理之爭，二者均不承認是自己的主觀看法，而是孔、孟之意，追問到最後，必須回到儒家經典中去尋找立論根據，「義理的是非於是乎便只好取決於經書了。理學發展到了這一步就無可避免地要逼出考證之學來。」入清以後，「每一個自覺得到了儒學眞傳的人，總不免要向古經典上去求根據。」因此，「六百年的宋、明理學傳統在清代並沒有忽然失蹤，而是逐漸地溶化在經史考證之中了。」〔註 83〕

這樣的說法頗爲合理，同樣的，「取決於經書」、「向古經典上去求根據」，也是滿文在繙譯漢文古籍遇到疑義時的解決方法，而乾隆帝在重譯《四書》序中即明白點出。因此，求證於原典，固然是宋明理學爭論的回歸處，滿人繙譯漢文典籍，也必須走上這條路以解決問題，可謂殊途同歸。

二、滿文繙譯漢文古籍與考證

古漢語對後人而言，原本就不易理解，特別是先秦古籍書面語，必須參酌古人的注解，仔細審辨，始得貫通一二。究其原因，東漢經學家鄭玄曾言：「其始書之也，倉卒無其字，或以音類比方假借爲之，趣於近之而已。」〔註 84〕因此，先秦古籍裏存在著許多假借字，想要解讀，並非易事。而張

〔註 81〕梁啓超言：「異族入主中夏，有志節者恥立乎其朝；故刊落聲華，專集精力以治樸學。」以及「因矯晚明不學之弊，乃讀古書；愈讀而愈覺求眞解之不易，則先求諸訓詁名物典章制度等等，於是考證一派出。」見氏著《清代學術概論》（上海：商務印書館，1930），頁 28～29。

〔註 82〕余英時，〈清代思想史的一個新解釋〉，《歷史與思想》（臺北：聯經公司，1990），頁 124。

〔註 83〕余英時，〈清代思想史的一個新解釋〉，頁 134～153。

〔註 84〕見陸德明，《經典釋文》卷 1，序錄引鄭氏說。

舜徽於《中國古代史籍校讀法》中云：

> ……漢字的運用，是活用的；而不是死板的。一個字隨着所在的部位不同，不獨含義起了變化，音讀也跟着不同。有些地方，用它的本義；有些地方，用它的引伸義和假借義。本義雖很簡單，但引伸義和假借義却變化無窮。所以一個字可以當七八個字或五六個字來使用，在漢字中是經常遇見的。〔註85〕

漢字運用千變萬化，先秦古籍到了漢代已難理解，當時開始運用一些方法去推敲古義。對於古漢語之研究，從漢初到東晉末屬語義研究階段，著重於文字訓詁；從南北朝至明末，則是音韻研究階段。〔註 86〕考證學到了清代再度復甦，究其原因，以梁啓超之「反滿」及「反理學」說法影響最鉅，然而如前所述，若從官方繙譯事業來看，不能忽略其影響層面。滿文繙譯漢文古籍與考證關係實爲密切，關於這點，以繙譯《四書》而言，可分爲兩方面來說明。

（一）滿文繙譯《四書》與名物考證

先秦古籍對漢人而言，頗費理解，何況是非漢民族，想要了解並繙譯成該民族語文，便要詳考漢文原義了。如《論語》〈八佾第三〉中「邦君爲兩君之好有反坫，管氏亦有反坫。」《御製繙譯論語》滿文作：「gurun i ejen, juwe ejen acaha de tusergen bihebi。guwan halangga de, inu tusergen bihebi。」意即：國之主於二主會見時有反坫，管氏也有反坫。其中，「反坫」之滿文譯作「tusergen」，據吳美鳳〈清代宮廷「圖塞爾根桌」略考〉一文所述，「圖塞爾根」爲滿語「tusergen」之音譯，即「圖塞爾根桌」，爲清代滿人特有的桌器之一，也就是筵宴時用以陳放尊爵壺卮等酒具之高桌。〔註87〕

作者提及「圖塞爾根桌」改稱「反坫」，最早可能是在乾隆十一年（1746）。關於此點，康熙二十二年（1683）京師宛羽齋刻本《大清全書》即有「圖塞爾根」與「反坫」的記載，原文如下：

> tusergen，放酒飯的高桌、反坫。〔註88〕

〔註85〕張舜徽，《中國古代史籍校讀法》（臺北：臺灣學生書局，1983），頁2。

〔註86〕據陳必祥轉述王力之說法，將古漢語之研究分爲三階段，見氏編《古代漢語三百題》（上海：上海古籍出版社，1993），緒論，頁3。

〔註87〕吳美鳳，〈清代宮廷「圖塞爾根桌」略考〉，《紀念王鍾翰先生百年誕辰學術文集》（北京：中央民族大學出版社，2013），頁947～967。

〔註88〕（清）沈啓亮，《大清全書》，卷9，頁17。

因此，改稱時間或可往前推至康熙朝。而滿族的「圖塞爾根桌」與漢民族上古的「反坫」產生連繫，可說是繙譯過程中經過考證漢字字義後，所選取能對應的字彙。特別是在經筵日講《四書》時，講官要把《論語》上的「反坫」解釋給皇帝聽，便須求證什麼是「反坫」。在《四書章句集注》中，朱子注曰：

> 坫，在兩楹之間，獻酬飲畢，則反爵於其上。此皆諸侯之禮，而管仲僭之。

朱子的說法來自何晏《論語集解》中所錄之鄭玄注解。

> 鄭曰：反坫，反爵之坫。在兩楹之間，人君別內外於門，樹屏以蔽之。若與鄰國爲好，會其獻酢之禮，更酌。酌畢，則各反爵於坫上。今管仲皆僭爲之如是，是不知禮。

從「反爵於坫上」可知，「坫」是可置爵之處，「反坫」原是諸侯之禮。但是在繙譯的過程中卻置換成桌器，嚴格說來「tusergen」才相等於「坫」，或稱「反坫桌」。

「圖塞爾根桌」的外形，據作者詳考，文獻上雖曰高桌，實際尺寸偏向矮桌。這點可以從乾隆朝《五體清文鑑》中相關的民族語文加以輔助理解，「tusergen」放在「筵宴類」，可見此爲筵宴時所用，非一般 dere（桌）。在《五體清文鑑》中對應的漢文雖然只有「反坫」二字，但同行藏文作「chang stegs」，「chang」是酒，「stegs」意爲凳或墊腳座，可知「chang stegs」是放酒的矮凳几類。因此，作者原考無誤。由上可知，滿人的「圖塞爾根桌」與古漢語的「反坫」產生對應關係，的確是經過一番考證工夫選取滿文字彙所得到的結果。

又如〈學而第一〉中「其爲人也孝弟」，《御製繙譯論語》滿文作：「terei yabun, hiyoošun deocin bime。」意即：他的品行有著孝順、友悌。其中「孝」的滿文作「hiyoošun」，即漢文「孝順」之音譯，康熙朝《大清全書》即已標示出，〔註 89〕可知滿文原無可對應之字彙，故取漢字音譯，到了乾隆朝欽定清語時，亦未找出更能表達意涵之字彙，因而保留了原來的音譯字。滿人既繙譯朱熹之《四書》，必參酌其注解，對於「孝」、「弟」之義，朱子曰：「善事父母爲孝，善事兄長爲弟。」此「弟」即「悌」也。滿文將「弟」（悌）譯作「deocin」，是由「deo」（弟弟）變化衍生而來，表示「悌」與「兄弟」

〔註 89〕（清）沈啓亮，《大清全書》，卷 13，頁 19。

之「弟」有關，與漢文「弟」字意義相仿，巧妙地表達出滿文能「文以載道」的造字法，也豐富了滿文字彙的意涵。藉由滿漢文字的考證繙譯，更促進了彼此之間思想文化上的交流。

又如〈里仁第四〉，「君子喻於義，小人喻於利。」《御製繙譯論語》滿文作：「ambasa saisa, jurgan be sambi。buya niyalma, aisi be sambi。」意即：君子要知義，小人要知利。其中，「君子」的滿文作「ambasa saisa」，這是滿人文化中原先沒有的詞彙及稱呼，選定如此組合而成之詞，頗有意義。之前曾分析過，「ambasa」字義爲「大臣等」，意指爲官居高位者，「saisa」則是「賢者」。因此，滿文所表達的「君子」，不僅是位「賢者」，也是「爲官居高位者」。而滿文在每字之後均添加「sa」，是名詞之複數形，表達出一種泛稱，非單指一人。

參酌朱子《論語集注》中有關「君子」之注解如下。

〈學而第一〉：

君子，成德之名。

〈里仁第四〉：

言君子所以爲君子。以其仁也。若貪富貴而厭貧賤。則是自離其仁，而無君子之實矣，何所成其名乎？

〈先進第十一〉：

君子，謂賢士、大夫也。

可知朱子對「君子」之理解是「有德性的賢者」，也是「爲官者」。清人阮元編纂之《經籍纂詁》中錄有數條。

君子者，其可以居上位、子下民，有德之美稱也。《左氏桓二年傳》「君子以督爲有無君心」之疏。

君子，在位者。《左氏襄十三年傳》「君子尚能而讓」其下注。

君子，謂卿大夫也。《禮記・檀弓下》「君子不能爲謀也」注。

君子，卿大夫也。《荀子・儒效》「君子不知無害爲治」注。

〔註 90〕

說明古人對「君子」的注解包括「在上位者」、「有德者」、「卿大夫」，而滿文對譯之詞彙兼採諸義，顯然是在繙譯「君子」之前，已先詳考諸家說法，因

〔註 90〕（清）阮元，《經籍纂詁》卷 12，頁 183。

而選定最貼近其義，又能讓滿人理解的兩個獨立名詞結合在一起，表達出漢文「君子」經詮釋後的多義取向。

同樣的，「小人」一詞，滿文譯作「buya niyalma」，亦是經過詳慎考察諸義後選定之詞彙。「buya」有「小氣」、「細鎖」、「刻薄」及身份地位卑下之意。

朱子在《論語集注》中有關「小人」之注解，或引他人之注解，試舉數條。

〈里仁第四〉：

> 君子、小人，趣向不同，公私之間而已矣。尹氏曰：樂善惡不善，所以爲君子；苟安務得，所以爲小人。

〈子路第十三〉：

> 小人，言其識量之淺狹也。
>
> 小人，謂細民。孟子所謂小人之事者也。

〈微子第十八〉：

> 此小人，亦謂僕隸下人也。

可知朱子所詮釋之「小人」，有「平民百姓」、「低位卑微之下人奴僕」、「識量淺狹之人」，滿文取義與朱子詮釋相符。

上述雖然只舉《論語》數例，亦知滿文繙譯《四書》，無處不經名物考證、詳審諸義。

（二）滿文繙譯《四書》句義詮釋與考證

漢文古籍中，亦有句義迄今仍爭論不休。凡遇此類文句繙譯，必先考察諸家注解，經過反覆思維與梳理始得譯出。如《論語・子罕第九》「子罕言利與命與仁」一句，歷來學者多有爭辯，原因在於古書本無句讀，如何解讀，頗費周章，致使產生不同詮釋。以下分列各種斷句及說法：

（1）「子罕言利與命與仁。」意即：孔子很少談論利、命和仁。

此說最早見於魏何晏《論語集解》：

> 罕者，希也。利者，義之和也。命者，天之命也。仁者，仁之盛也。寡能及之，故希言也。

說明利、命、仁三者不易做到，所以孔子很少說。其中，「利」釋作「義之和」，與後人所云「利益」實不相同，亦難理解。北宋邢昺加以闡釋，於《論語注疏》中云：

> 此章論孔子希言難及之事也。罕，希也；與，及也；利者，義

> 之和也；命者，天之命也；仁者，行之盛也。孔子以其利、命、仁三者，常人寡能及之，故希言也。……《釋詁》云：「希，罕也。」轉互相訓，故罕得爲希也。云「利者，義之和也」者，〈乾卦．文言〉文也。言天能利益庶物，使物各得其宜而和同也。此云利者，謂君子利益萬物，使物各得其宜，足以和合於義，法天之利也。云「命者，天之命也」者，謂天所命生人者也。天本無體，亦無言語之命，但人感自然而生，有賢愚、吉凶、窮通、夭壽，若天之付命遣使之然，故云天之命也。云「仁者，行之盛也」者，仁者愛人以及物，是善行之中最盛者也。以此三者，中知以下寡能及知，故孔子希言也。〔註 91〕

如此，「義之和」之「利」，便是「君子利益萬物，使物各得其宜，足以和合於義，法天之利也。」將「利」詮釋爲正向的利益他人、萬物之利，而非利益自身之私利，由於範疇廣闊，的確不易做到，故孔子罕言，並非不說。

(2)「子罕言利與命，與仁。」意即：孔子很少談論利和命，他贊許仁。

南朝梁皇侃爲何晏《論語集解》作義疏，雖承其意，但對「與」字有了新的解釋。疏云：

> 言者，說也。利者，天道元亨，利萬物者也。與者，言語許之也。命，天命窮通夭壽之目也。仁者，惻隱濟眾，行之盛者也。弟子記孔子爲教化所希言，所希許與人者也。所以然者，利是元亨利貞之道也，百姓日用而不知，其理玄絕，故孔子希言也。命是人稟天而生，其道難測，又好惡不同，若逆向人說，則傷動人情，故孔子希說與人也。仁是行盛，非中人所能，故亦希說許與人也。然希者非都絕之稱，亦有時而言與人也。〔註 92〕

皇侃將「與」字釋爲「言語許之」，即「贊許」之意。如此，「仁」與「利」、「命」二者脫離並列關係獨立成句，句讀作「子罕言利與命，與仁。」解爲：孔子很少談到利與命，他贊許仁；因而形成新的詮釋。

(3)「子罕言利，與命，與仁。」意即：孔子很少談論利，他贊許命，贊許仁。

此說見於南宋史繩祖《學齋佔畢》卷一：

〔註 91〕（魏）何晏注、（宋）邢昺疏，《論語注疏》，收入（清）阮元編，《十三經注疏附附校勘記》（臺北：新文豐出版公司，1978），卷 9，頁 1。

〔註 92〕（梁）皇侃，《論語集解義疏》

《論語》謂「子罕言利，與命與仁。」古注諸家皆以爲三者子所希言，余獨疑之。……蓋子罕言者，獨利而已，當以此句作一義。曰命、曰仁，皆平日所深與，此句別作一義。與者，許也。《論語》中「與」字自作兩義，如「吾與點也」、「吾無行而不與二三子者」。又，「與其進」、「與其潔也」，「吾非斯人之徒與而誰與」、「義之與比」、「吾不與易也」、「吾不與也」等字，皆其比也，當以理推之。〔註93〕

史繩祖認爲孔子較少談論的只有利，命和仁是平日所贊許者，又舉《論語》中的例子來說明「與」有兩義，一爲連詞，「和」之意；一爲動詞，「贊許」之意。而將句子斷爲「子罕言利，與命，與仁。」解爲：孔子很少談論利，他贊許命，贊許仁。元人陳天祥亦持此見，於《四書辨疑》中云：

若以理微道大則罕言，夫子所常言者，豈皆理淺之小道乎？聖人於三者之中所罕言者，惟利耳，命與仁乃所常言。〔註94〕

不過《四庫全書總目提要》卻批評史繩祖「失之穿鑿」。

（4）「子罕言利與命與仁。」意即：孔子明顯地談論到利、命和仁。

此說爲清人黃式三所提出，其於《論語後案》云：

《說文》罕訓綱，《漢書》注罕訓畢者，本義也。經、傳中罕訓少者，借字也。「罕言」之「罕」，借爲「軒豁」之「軒」，古「罕」、「軒」二字通用。左氏《春秋經．昭公元年》「鄭罕虎」，《定公十五年》「鄭罕達」，《公羊經》作「軒」。軒有顯豁之意，亦曰軒豁，……罕、軒、憲、顯同桓部，音且同母，此音義所以相通。則罕言者，表顯言之也。〔註95〕

黃式三將「罕言」釋爲「顯言」，即「明顯地談論」。此說雖有新意，但贊同者少。

由前述四點可知，僅是一句漢文，即有不同的解釋，滿文在繙譯時該如何解決？究竟選取何家之言，或兼採諸義，值得詳究。大體上來說，雖然繙譯《四書》是以朱熹之《四書章句集註》爲依據，但未必完全按照朱子解釋，

〔註93〕（南宋）史繩祖，《學齋佔畢》（臺北：臺灣商務印書館，1983，《景印文淵閣四庫全書》本），冊854，子部雜家類，卷1，頁21。「與命與仁別句」條。

〔註94〕程樹德，《論語集釋》，頁565～566。

〔註95〕（清）黃式三撰、張涅、韓嵐點校，《論語後案》（南京：鳳凰出版社，2008），頁220。

而是經過比對不同的注解，仔細推敲思索而得。《御製繙譯論語》中，將「子罕言利與命與仁」譯作：fudz i asuru gisurerakūngge, aisi, jai hesebun, jai gosin。意爲：夫子甚爲不說的是利和命和仁。看似與（1）相近，但關鑑在於主詞 fudz（夫子）之後緊跟著「i」，標示主詞爲施動者，說明由孔子自身所發出的動作，即孔子極少主動去說利、命、仁，那麼他人與孔子談論就不應包含在內了。因此，與（1）之說法仍是有些微不同。

又如《論語．述而第七》中「加我數年，五十以學《易》，可以無大過矣。」自古以來即爭論不休，滿文繙譯時該如何取擇？勢必要詳考諸家之言，作一準確的繙譯詮釋。諸多解釋中，大致可分爲三種。

第一種廣爲多數人接受的解釋，見於《十三經注疏》之《論語注疏》，魏何晏注曰：

> 《易》窮理盡性以至於命，年五十而知天命，以知命之年讀至命之書，故可以無大過。

宋邢昺疏：

> 子曰：「加我數年，五十以學《易》，可以無大過矣。」《正義》曰：「此章孔子言其學《易》年也。加我數年方至五十，謂四十七時也。《易》之爲書，窮理盡性以至於命，吉凶悔吝豫以告人，使人從吉不從凶，故孔子言已四十七歲，學《易》可以無過咎矣。」注：《易》窮，至大過。正義曰：「云『窮理盡性以至於命』者，〈說卦〉文也。命者，生之極，窮理則盡其極也。云『五十而知天命』者，〈爲政〉篇文。云『以知命之年讀至命之書，故可以無大過矣』者，《漢書》〈儒林傳〉。云『孔子蓋晚而好《易》，讀之韋編三絕而爲之傳』，是孔子讀《易》之事也。言孔子以知天命終始之年，讀窮理盡性以至於命之書，則能避凶之吉而無過咎，謙不敢自言盡無其過故，但言可以無大過矣。」〔註96〕

二家將此句解爲：（孔子時年四十七歲）加我數年，至五十歲時，讀《易》可以無大過。原句中之「五十」，均理解爲五十歲。

第二種解釋來自唐陸德明《經典釋文．論語音義》，其「學易」條云：《魯》讀「易」爲「亦」。句子就成了：加我數年，五十以學，亦可以無大過矣。使得孔子與「學《易》」脫離了關係，更引起諸家爭辯。

〔註96〕（魏）何晏注、（宋）邢昺疏，《論語注疏》，收入《十三經注疏》，卷7，頁6。

第三種是宋朱熹與與清崔述的見解。朱熹於《論語集注‧述而第七》注云：

> 劉聘君見元城劉忠定公，自言嘗讀他《論》，「加」作「假」，「五十」作「卒」。蓋「加」、「假」聲相近而誤讀，「卒」與「五十」字相似而誤分也。愚按：此章之言，《史記》作「假我數年，若是，我於易則彬彬矣。」「加」正作「假」，而無「五十」字。蓋是時孔子年已幾七十矣，「五十」字誤，無疑也。學《易》則明乎吉凶消長之理，進退存亡之道，故可以無大過。蓋聖人深見《易》道之無窮，而言此以教人，使知其不可不學，而又不可以易而學也。

而崔述《洙泗考信錄‧歸魯上》云：

> 子曰：加〔古本作假〕我數年，五十〔二字古本作卒〕以學易，可以無大過矣。

《論語》經秦火之劫，至漢代出現三種本子。一是《魯論語》，二十篇。二是《齊論語》，二十二篇，比《魯論語》多了〈問王〉、〈知道〉二篇。三是《古論語》，乃孔子舊宅壁中所得，以古籀文所寫二十一篇。沒有〈問王〉、〈知道〉，而將〈堯曰〉「子張問」另為一篇。西漢帝師安昌侯張禹，治《魯論》兼講《齊論》，又將二論合而為一，稱《張侯論》，為當世士子所崇奉。至東漢靈帝時，所勒石經即採《張侯論》，流傳至今，即《張侯論》。〔註 97〕因此，經由不同版本之比對，確可發現不少問題。朱子藉他人所見之轉述，加上與《史記》互證，而得到「假我數年，卒以學《易》，可以無大過矣。」乾隆朝的崔述，亦以古本來比對，得到同樣的結論。

那麼，滿文究竟是採取何種解釋來繙譯？《御製繙譯論語》雖然是滿漢對照，但是滿文與漢文文義並非完全一致。此句「加我數年，五十以學《易》，可以無大過矣。」滿文譯作：minde udu aniya nonggime bufi, jijungge nomun be tacime duhembuhe de, amba endebuku akū oci ombidere。意即：增添給我幾年後，把《易經》學完成了的時候，可以變成沒有大過吧。句中「nonggime bufi」（增添給後）對照漢文「加」，意義更廣；「jijungge nomun」（易經）對照漢文「易」，並非陸德明所說的「亦」；而「duhembuhe」（完成了）對照漢文「五十」，卻是「卒」義，顯然是比較接近朱子的說法。由於朱熹在《論語集注》中並未詮釋「加」、「卒」字義，因此今人多有異解，不妨參照滿文的解釋，

〔註 97〕查正賢，《論語講讀》（臺北：五南圖書出版公司，2007），導讀，頁 7。

能更清楚了解。

再從先秦古籍的幾個例子來看，滿文繙譯取義相當謹慎。「加」字《經籍纂詁》卷二十一云：

加，增也。《國語．楚語》「祀加於舉」注。

增，故曰加。《儀禮．鄉射禮》「乃復求矢加于福」注。

「假」字《經籍纂詁》卷五十一云：

假，給與也。《漢書．儒林轅固傳》「迺假固利兵」注。

假，謂給與。《漢書．循吏龔遂傳》「迺開倉廩假貧民」注。

就朱子所注「假我數年」，意爲「給與我數年」；就邢昺所疏「加我數年」，意爲「增我數年」。滿文繙譯均採二者，即「增添給我數年」，含括漢文「加」、「假」二義。「五十以學易」則是採用朱子的考證，一是《史記》中並沒有提到「五十」，二是古本中作「卒」字，因此「卒以學易」，滿文繙作「把《易經》學完成了」，與下句句義「就可以無大過吧」，前後貫通，也相當合理。

由以上諸例可知，滿文在繙譯的過程中，必須先了解漢文的字義爲何，參照古人注解找尋答案，再轉爲滿人能懂的字彙。爲了要了解漢文字義及句義所使用的方法，與考證法相同，無論是康熙朝或乾隆朝，均早於乾嘉考據學興起之前，朝廷所推行的漢文典籍繙譯大工程，不能斷然地說對考據學發展完全沒有影響。

《四書》之滿文譯本經乾隆朝欽定清語重新改譯之後，形成前後期兩種不同之繙譯詮釋，不僅用字遣詞有別，句型結構亦發生變化，以下分爲兩章論述之。

第五章　滿文繙譯《大學》、《中庸》之探討

第一節　《大學》文本問題

《大學》原爲《禮記》中第四十二篇，至宋代逐漸受到重視，朱熹爲之作章句，認爲篇中多有錯簡脫字，加以移補，又分經一章、傳十章，進而確立其完整之思想體系。《大學》自此改換新面貌獨立而出，列爲《四書》之首，由原本之篇名晉身爲書名，是以《四書》中之《大學》，與十三經注疏本《禮記》中之〈大學〉實有不同，清代乾隆朝纂修四庫全書時，館臣對於《四書》之分類即有如下之見解：

> 訓釋〈大學〉、〈中庸〉者，《千頃堂書目》仍入「禮類」，今並移入《四書》。以所解者，《四書》之《大學》、《中庸》，非《禮記》之〈大學〉、〈中庸〉。學問各有淵源，不必強合也。〔註 1〕

那麼，《四書》之《大學》與十三經注疏本《禮記》中之〈大學〉有何不同？就內容結構上而言，朱熹大幅移改了〈大學〉原文，以下以區段來說明其改動情形。

〔註 1〕永瑢等撰，《四庫全書總目》，卷 36。

表 5-1　《大學》內文改動區段

《禮記》〈大學〉原文區段次序
（1）大學之道…未之有也
（2）此謂知本…必誠其意
（3）詩云瞻彼淇澳…沒世不忘也
（4）康誥曰克明德…止於信
（5）子曰聽訟…此謂知本
（6）所謂脩身…以義爲利也

朱熹移改〈大學〉區段次序
（1）大學之道…未之有也
（4）康誥曰克明德…止於信
（3）詩云瞻彼淇澳…沒世不忘也
（5）子曰聽訟…此謂知本
（2）此謂知本…必誠其意
（6）所謂脩身…以義爲利也

資料來源：十三經注疏之《禮記》〈大學〉、《四書集注》之《大學》。

爲了更清楚其移改後的內容，先將《禮記》中〈大學〉原文迻錄如下：

表 5-2　《禮記》中〈大學〉原文

	《禮記》〈大學〉原文
（1）	大學之道，在明明德，在親民，在止於至善。知止而后有定，定而后能靜，靜而后能安，安而后能慮，慮而后能得。物有本末，事有終始，知所先後，則近道矣。古之欲明明德於天下者，先治其國；欲治其國者，先齊其家；欲齊其家者，先脩其身；欲脩其身者，先正其心；欲正其心者，先誠其意；欲誠其意者，先致其知，致知在格物。物格而后知至，知至而后意誠，意誠而后心正，心正而后身脩，身脩而后家齊，家齊而后國治，國治而后天下平。自天子以至於庶人，壹是皆以脩身爲本。其本亂而末治者否矣。其所厚者薄，而其所薄者厚，未之有也。
（2）	此謂知本，此謂知之至也。所謂誠其意者，毋自欺也。如惡惡臭，如好好色，此之謂自謙，故君子必愼其獨也。小人閒居爲不善，無所不至，見君子而后厭然，揜其不善，而著其善。人之視己，如見其肺肝然，則何益矣？此謂誠於中，形於外，故君子必愼其獨也。曾子曰：「十目所視，十手所指，其嚴乎！」富潤屋，德潤身，心廣體胖，故君子必誠其意。
（3）	《詩》云：「瞻彼淇澳，菉竹猗猗。有斐君子，如切如磋，如琢如磨。瑟兮僩兮，赫兮喧兮。有斐君子，終不可諠兮。」如切如磋者，道學也；如琢如磨者，自修也。瑟兮僩兮者，恂慄也；赫兮喧兮者，威儀也。有斐君子，終不可諠兮者，道盛德至善，民之不能忘也。《詩》云：「於戲！前王不忘。」君子賢其賢而親其親，小人樂其樂而利其利，此以沒世不忘也。
（4）	《康誥》曰：「克明德。」《大甲》曰：「顧諟天之明命。」《帝典》曰：「克明峻德。」皆自明也。湯之《盤銘》曰：「苟日新，日日新，又日新。」《康誥》曰：「作新民。」《詩》曰：「周雖舊邦，其命惟新。」是故君子無所不用其極。《詩》云：「邦畿千里，惟民所止。」《詩》云：「緡蠻黃鳥，止于丘隅。」子曰：「於止，知其所止，可以人而不如鳥乎？」《詩》云：「穆穆文王，於緝熙敬止。」爲人君，止於仁；爲人臣，止於敬；爲人子，止於孝；爲人父，止於慈。與國人交，止於信。

（5）	子曰：「聽訟，吾猶人也，必也使無訟乎！」無情者，不得盡其辭，大畏民志。此謂知本。
（6）	所謂脩身在正其心者：身有所忿懥，則不得其正；有所恐懼，則不得其正；有所好樂，則不得其正；有所憂患，則不得其正。心不在焉，視而不見，聽而不聞，食而不知其味。此謂脩身在正其心。所謂齊其家在脩其身者：人之其所親愛而辟焉，之其所賤惡而辟焉，之其所畏敬而辟焉，之其所哀矜而辟焉，之其所敖惰而辟焉。故好而知其惡，惡而知其美者，天下鮮矣。故諺有之曰：「人莫知其子之惡，莫知其苗之碩。」此謂身不脩，不可以齊其家。所謂治國必先齊其家者，其家不可教而能教人者，無之。故君子不出家，而成教於國。孝者，所以事君也；弟者，所以事長也；慈者，所以使眾也。《康誥》曰：「如保赤子。」心誠求之，雖不中，不遠矣。未有學養子，而後嫁者也。一家仁，一國興仁；一家讓，一國興讓；一人貪戾，一國作亂。其機如此。此謂一言僨事，一人定國。堯、舜率天下以仁，而民從之；桀、紂率天下以暴，而民從之。其所令反其所好，而民不從。是故君子有諸己，而后求諸人；無諸己，而后非諸人。所藏乎身不恕，而能喻諸人者，未之有也。故治國在齊其家。《詩》云：「桃之夭夭，其葉蓁蓁；之子于歸，宜其家人。」宜其家人，而后可以教國人。《詩》云：「宜兄宜弟。」宜兄宜弟，而後可以教國人。《詩》云：「其儀不忒，正是四國。」其為父子兄弟足法，而后民法之也。此謂治國在齊其家。所謂平天下在治其國者：上老老，而民興孝；上長長，而民興弟。上恤孤而民不倍，是以君子有絜矩之道也。所惡於上，毋以使下；所惡於下，毋以事上；所惡於前，毋以先後；所惡於後，毋以從前；所惡於右，毋以交於左；所惡於左，毋以交於右。此之謂絜矩之道。《詩》云：「樂只君子，民之父母。」民之所好好之，民之所惡惡之，此之謂民之父母。《詩》云：「節彼南山，維石巖巖。赫赫師尹，民具爾瞻。」有國者不可以不慎，辟則為天下僇矣。《詩》云：「殷之未喪師，克配上帝。儀監于殷，峻命不易。」道得眾則得國，失眾則失國。是故君子先慎乎德。有德此有人，有人此有土，有土此有財，有財此有用。德者，本也；財者，末也。外本內末，爭民施奪。是故財聚則民散，財散則民聚。是故言悖而出者，亦悖而入；貨悖而入者，亦悖而出。《康誥》曰：「惟命不于常。」道善則得之，不善則失之矣。《楚書》曰：「楚國無以為寶，惟善以為寶。」舅犯曰：「亡人無以為寶，仁親以為寶。」《秦誓》曰：「若有一个臣，斷斷兮，無他技，其心休休焉，其如有容焉。人之有技，若己有之；人之彥聖，其心好之，不啻若自其口出。實能容之，以能保我子孫黎民，尚亦有利哉！人之有技，媢嫉以惡之；人之彥聖，而違之俾不通。實不能容，以不能保我子孫黎民，亦曰殆哉！」唯仁人放流之，迸諸四夷，不與同中國，此謂唯仁人為能愛人，能惡人。見賢而不能舉，舉而不能先，命也。見不善而不能退，退而不能遠，過也。好人之所惡，惡人之所好，是謂拂人之性，菑必逮夫身。是故君子有大道，必忠信以得之，驕泰以失之。生財有大道。生之者眾，食之者寡，為之者疾，用之者舒，則財恆足矣。仁者以財發身，不仁者以身發財。未有上好仁，而下不好義者也；未有好義，其事不終者也；未有府庫財，非其財者也。孟獻子曰：「畜馬乘，不察於雞豚；伐冰之家，不畜牛羊；百乘之家，不畜聚斂之臣。與其有聚斂之臣，寧有盜臣。」此謂國不以利為利，以義為利也。長

	國家而務財用者，必自小人矣。彼爲善之，小人之使爲國家，菑害並至。雖有善者，亦無如之何矣。此謂國不以利爲利，以義爲利也。

資料來源：十三經注疏之《禮記》。

其次，再將朱熹所改《大學章句》原文臚列於後，從中可知朱子不僅將《禮記》中之〈大學〉前後次序移位，又再細分經一章、傳十章，並增補傳第五章。其增添文字處，以灰底標明。

表 5-3 《大學章句》原文

	朱熹四書之《大學章句》原文
(1)	子程子曰：〈大學〉，孔氏之遺書，而初學入德之門也。於今可見古人爲學次第者，獨賴此篇之存，而《論》、《孟》次之，學者必由是而學焉，則庶乎其不差矣。 大學之道，在明明德，在親民，在止於至善。知止而后有定，定而后能靜，靜而后能安，安而后能慮，慮而后能得。物有本末，事有終始，知所先後，則近道矣。古之欲明明德於天下者，先治其國；欲治其國者，先齊其家；欲齊其家者，先脩其身；欲脩其身者，先正其心；欲正其心者，先誠其意；欲誠其意者，先致其知，致知在格物。物格而后知至，知至而后意誠，意誠而后心正，心正而后身脩，身脩而后家齊，家齊而后國治，國治而后天下平。自天子以至於庶人，壹是皆以脩身爲本。其本亂而末治者否矣。其所厚者薄，而其所薄者厚，未之有也。 右經一章。蓋孔子之言，而曾子述之。其傳十章，則曾子之意而門人記之也。舊本頗有錯簡，今因程子所定而更考經文，別爲序次如左。
(4)	《康誥》曰：「克明德。」《大甲》曰：「顧諟天之明命。」《帝典》曰：「克明峻德。」皆自明也。 右傳之首章，釋明明德。 湯之《盤銘》曰：「苟日新，日日新，又日新。」《康誥》曰：「作新民。」《詩》曰：「周雖舊邦，其命惟新。」是故君子無所不用其極。 右傳之二章，釋新民。 《詩》云：「邦畿千里，惟民所止。」《詩》云：「緡蠻黃鳥，止于丘隅。」子曰：「於止，知其所止，可以人而不如鳥乎？」《詩》云：「穆穆文王，於緝熙敬止。」爲人君，止於仁；爲人臣，止於敬；爲人子，止於孝；爲人父，止於慈。與國人交，止於信。
(3)	《詩》云：「瞻彼淇澳，菉竹猗猗。有斐君子，如切如磋，如琢如磨。瑟兮僩兮，赫兮喧兮。有斐君子，終不可諠兮。」如切如磋者，道學也；如琢如磨者，自修也。瑟兮僩兮者，恂慄也；赫兮喧兮者，威儀也。有斐君子，終不可諠兮者，道盛德至善，民之不能忘也。《詩》云：「於戲！前王不忘。」君子賢其賢而親其親，小人樂其樂而利其利，此以沒世不忘也。 右傳之三章，釋止於至善。

(5)	子曰:「聽訟,吾猶人也,必也使無訟乎!」無情者,不得盡其辭,大畏民志。此謂知本。 右傳之四章,釋本末。
(2)	此謂知本,此謂知之至也。 右傳之五章,蓋釋格物致之義,而今亡矣。間嘗竊取程子之意,以補之。曰:「所謂致知在格物者,言欲致吾之知,在即物而窮其理也。蓋人心之靈,莫不有知;而天下之物,莫不有理。惟於理有未窮,故其知有不盡也。是以大學始教,必使學者,即凡天下之物,莫不因其已知之理而益窮之,以求至乎其極。至於用力之久,而一旦豁然貫通焉,則眾物之表裏精粗無不到,而吾心之全體大用無不明矣。此謂物格,此謂知之至也。」 所謂誠其意者,毋自欺也。如惡惡臭,如好好色,此之謂自謙,故君子必慎其獨也。小人閒居為不善,無所不至,見君子而后厭然,揜其不善,而著其善。人之視己,如見其肺肝然,則何益矣?此謂誠於中,形於外,故君子必慎其獨也。曾子曰:「十目所視,十手所指,其嚴乎!」富潤屋,德潤身,心廣體胖,故君子必誠其意。 右傳之六章,釋誠意。
(6)	所謂脩身在正其心者:身有所忿懥,則不得其正;有所恐懼,則不得其正;有所好樂,則不得其正;有所憂患,則不得其正。心不在焉,視而不見,聽而不聞,食而不知其味。此謂脩身在正其心。 右傳之七章,釋正心脩身。 所謂齊其家在脩其身者:人之其所親愛而辟焉,之其所賤惡而辟焉,之其所畏敬而辟焉,之其所哀矜而辟焉,之其所敖惰而辟焉。故好而知其惡,惡而知其美者,天下鮮矣。故諺有之曰:「人莫知其子之惡,莫知其苗之碩。」此謂身不脩,不可以齊其家。 右傳之八章,釋脩身齊家。 所謂治國必先齊其家者,其家不可教而能教人者,無之。故君子不出家,而成教於國。孝者,所以事君也;弟者,所以事長也;慈者,所以使眾也。《康誥》曰:「如保赤子。」心誠求之,雖不中,不遠矣。未有學養子,而後嫁者也。一家仁,一國興仁;一家讓,一國興讓;一人貪戾,一國作亂。其機如此。此謂一言僨事,一人定國。堯、舜率天下以仁,而民從之;桀、紂率天下以暴,而民從之。其所令反其所好,而民不從。是故君子有諸己,而后求諸人;無諸己,而后非諸人。所藏乎身不恕,而能喻諸人者,未之有也。故治國在齊其家。《詩》云:「桃之夭夭,其葉蓁蓁;之子于歸,宜其家人。」宜其家人,而后可以教國人。《詩》云:「宜兄宜弟。」宜兄宜弟,而後可以教國人。《詩》云:「其儀不忒,正是四國。」其為父子兄弟足法,而后民法之也。此謂治國在齊其家。 右傳之九章,釋齊家治國。 所謂平天下在治其國者:上老老,而民興孝;上長長,而民興弟。上恤孤而民不倍,是以君子有絜矩之道也。所惡於上,毋以使下;所惡於下,毋以事上;所惡於前,毋以先後;所惡於後,毋以從前;所惡於右,毋以交於左;所惡於左,毋以交於右。此之謂絜矩之道。《詩》云:「樂只君子,民之父母。」

	民之所好好之，民之所惡惡之，此之謂民之父母。《詩》云：「節彼南山，維石巖巖。赫赫師尹，民具爾瞻。」有國者不可以不愼，辟則爲天下僇矣。《詩》云：「殷之未喪師，克配上帝。儀監于殷，峻命不易。」道得眾則得國，失眾則失國。是故君子先愼乎德。有德此有人，有人此有土，有土此有財，有財此有用。德者，本也；財者，末也。外本內末，爭民施奪。是故財聚則民散，財散則民聚。是故言悖而出者，亦悖而入；貨悖而入者，亦悖而出。《康誥》曰：「惟命不于常。」道善則得之，不善則失之矣。《楚書》曰：「楚國無以爲寶，惟善以爲寶。」舅犯曰：「亡人無以爲寶，仁親以爲寶。」《秦誓》曰：「若有一个臣，斷斷兮，無他技，其心休休焉，其如有容焉。人之有技，若己有之；人之彥聖，其心好之，不啻若自其口出。實能容之，以能保我子孫黎民，尚亦有利哉！人之有技，媢嫉以惡之；人之彥聖，而違之俾不通。實不能容，以不能保我子孫黎民，亦曰殆哉！」唯仁人放流之，迸諸四夷，不與同中國，此謂唯仁人爲能愛人，能惡人。見賢而不能舉，舉而不能先，命也。見不善而不能退，退而不能遠，過也。好人之所惡，惡人之所好，是謂拂人之性，菑必逮夫身。是故君子有大道，必忠信以得之，驕泰以失之。生財有大道。生之者眾，食之者寡，爲之者疾，用之者舒，則財恆足矣。仁者以財發身，不仁者以身發財。未有上好仁，而下不好義者也；未有好義，其事不終者也；未有府庫財，非其財者也。孟獻子曰：「畜馬乘，不察於雞豚；伐冰之家，不畜牛羊；百乘之家，不畜聚斂之臣。與其有聚斂之臣，寧有盜臣。」此謂國不以利爲利，以義爲利也。長國家而務財用者，必自小人矣。彼爲善之，小人之使爲國家，菑害並至。雖有善者，亦無如之何矣。此謂國不以利爲利，以義爲利也。 右傳之十章，釋治國平天下。 凡傳十章，前四章統論綱領指趣，後六章細論條目功夫，其五章乃明善之要，第六章乃誠身之本。在初學尤爲當務之急，讀者不可以其近而忽之也。

資料來源：《四書集注》。

由上可知，朱熹更改後之《大學》與原篇差異頗大，何以朱子要如此改動？朱子一生對於《大學》用功最勤，亦多有體會，故有其立意。序文中云：

> 《大學》之書，古之大學所以教人之法也。蓋自天降生民，則既莫不與之以仁、義、禮、智之性矣。然其氣質之稟或不能齊，是以不能皆有以知其性之所有而全之也。一有聰明睿智能盡其性者出於其閒，則天必命之以爲億兆之君師，使之治而教之以復其性，此伏羲、神農、黃帝、堯、舜所以繼天立極，而司徒之職、典樂之官所由設也。……及周之衰，賢聖之君不作，學校之政不修，教化陵夷，風俗頹敗，時則有若孔子之聖，而不得君師之位以行其政教，於是獨取先王之法，誦而傳之以詔後世。……三千之徒，蓋莫不聞其說，而曾氏之傳，獨得其宗，於是作爲傳義以發其意。及孟子沒

> 而其傳泯焉，則其書雖存，而知者鮮矣。……於是河南程氏兩夫子出，而有以接乎孟氏之傳，實始尊信此篇而表章之，既又爲之次其簡編，發其歸趣，然後古者大學教人之法、聖經賢傳之指，粲然復明於世。雖以熹之不敏，亦幸私淑而與有聞焉。顧其爲書，猶頗放失，是以忘其固陋，采而輯之，閒亦竊附己意，補其闕略，以俟後之君子，極知僭踰無所逃罪，然於國家化民成俗之意，學者修己治人之方，則未必無小補云。

朱子言《大學》之書，是古時大學教人之法，目的在復其仁、義、禮、智之稟性。自孔子、曾子、孟子之後即不傳，直至二程始得接續。而朱子私淑二人，得聖經賢傳之旨，又「采而輯之，閒亦竊附己意，補其闕略。」他亦知「僭踰」之過，但爲了「化民成俗」、「修己治人」，仍需如此而爲，可知其用心立意之深。而《大學章句》內容開篇即引程子之語，說明《大學》是孔氏遺書，其重要性在於《大學》係「初學入德之門」，學者必由此進入，其次才是《論語》、《孟子》，傳承古人之爲學次第。

綜觀通篇文章，經朱子區分經傳，使得原來結構鬆散之行文得以綱舉目張，條理清晰，也奠定了後來宋學理論之依據。向來討論《大學》者，皆依循朱子所言三綱領：明明德、親民、止於至善；以及八條目：格物、致知、誠意、正心、修身、齊家、治國、平天下加以發揮。三綱領即《大學》之主旨，八條目則是實踐次第。朱子於文末明言：「凡傳十章，前四章統論綱領指趣，後六章細論條目功夫，其五章乃明善之要，第六章乃誠身之本。」可謂論述層次分明，實際上則是明明德思想和工夫理論之完備。

第二節　滿文繙譯《大學》之詮釋

一、「大學」之滿文釋義

滿文繙譯《大學》一書著爲定本者，乃《四庫全書》所收《御製繙譯四書》中之《御製繙譯大學》。在此之前，康熙朝因日講之故，亦繙譯《清文日講四書解義》，書成即刊刷頒賜諸臣，故較爲通行。然而其中所錄《四書》譯文，與乾隆朝譯法不盡相同，值得探討。就《大學》書名而言，《清文日講大學解義》作「dai hiyo」，音譯自漢文「大學」，滿人若是未讀過《大學》，恐不易明白所指爲何。而《御製繙譯大學》作「amba tacin bithe」（大學問書），意思明白易懂。據徐莉〈乾隆朝欽定四書五經滿文重譯稿本研究〉一文云，北京第一歷史檔案館（以下簡稱一史館）藏有乾隆朝重譯《四書》稿本，稿本上多有修改痕跡，多處天頭位置貼有譯臣意見黃簽。如《大學・第一分》云：

> dai hiyo（擬改 amba tacin i bithe）
>
> 大學
>
> 天頭黃簽：程子謂大學爲初學入德之門，朱注云：「大」舊音「泰」，今讀如字。又云：大學者，大人之學也。此大學不指國學而言。今照字義擬改 amba tacin。至於《小學》一書，似亦應改作 ajige tacin i bithe。〔註 2〕

黃簽中說明滿文「amba tacin」是依照漢文「大學」字義而改，其義是指「大人之學」的學問，與國學不同。「amba」即「大」義，「tacin」則是由動詞「tacimbi」（學習）名詞化而來，說明須經學習所獲得的學問。其後加「i bithe」（的書），表明《大學》是一本書，而這本書是關於「大學問」的書；比起康熙朝僅音譯自漢文的「dai hiyo」，更能清楚表達《大學》的性質及含義。

其次，就漢文內容所提「大學」一詞而言，在文中不同處，即有不同含義。如朱子〈大學章句序〉云：「『大學』之書，古之『大學』所以教人之法也。」前者爲專有名詞，指的是《四書》中的第一部；後者指的是古代最高學府，培育經國濟世人才之學宮。而「所以教人之法」亦稱「大學」，此時指的是特定的學問。〔註 3〕漢文雖然同詞，卻有三義。若釋爲學校之「大學」，滿文作「amba tacikū」，釋爲學問之「大學」，滿文作「amba tacin」。因此，滿文繙譯如何選定詞彙，視譯者之理解而取決。如正文第一句「大學之道，在明明德，在親民，在止於至善。」其中「大學之道」，《清文日講大學解義》作「amba tacikū i doro」（大學校的道理），《御製繙譯大學》作「amba tacin i doro」（大學問的道理）。對於不識漢文的滿人而言，所理解的文義就不同了。由此可知，不同時期的滿文譯本，僅是書名或名詞之譯法即有分歧，內容更應詳加比對，然而一一列出，恐篇幅甚冗，故採折中之法，列舉《大學》中較常討論之思想命題作一對照表，比較個中差異，詳而論之。

〔註 2〕徐莉，〈乾隆朝欽定四書五經滿文重譯稿本研究〉，《民族翻譯》2010 年第 1 期（總第 74 期），頁 3。

〔註 3〕參岑溢成，《大學義理疏解》（臺北：鵝湖月刊雜誌社，1983），頁 17。

二、《大學》三綱領八條目之繙譯

爲了便於比較康熙朝與乾隆朝繙譯之異同，乃選定哲學或思想上常討論之詞彙命題列表作一對照，以便清楚掌握其用字遣詞及釐定之意義。

表 5-4　《大學》滿漢辭彙對照表

	《日講大學解義》 ineenggidari giyangnaha dai hiyo jurgan be suhe bithe	《御製繙譯大學》 han i araha ubaliyambuha amba tacin bithe
《大學》	dai hiyo bithe	amba tacin bithe
大學之道	amba tacikūi doro	amba tacin i doro
明明德	genggiyen erdemu be genggiyelere	genggiyen erdemu be genggiyelere
親民（新民）	irgen be icemlere	irgen be icemlere
止於至善	umesi sain de ilinara	ten i sain de ilinara

格物	jaka be hafure	jaka be hafure
物格	jaka be hafuka	jaka be hafuka
致知	sara be akūmbumbi	sarasu de isibumbi
知至	same isinambi	sarasu isinambi
誠意	gūnin be unenggi obumbi	gūnin be unenggi obumbi
意誠	gūnin unenggi ombi	gūnin unenggi ombi
正心	mujilen be tob obumbi	mujilen be tob obumbi

心正	mujilen tob ombi	mujilen tob ombi
修身	beyebe dasambi	beyebe tuwancihiyambi
身修	beye dasabumbi	beye tuwancihiyabumbi
齊家	boo be teksilembi	boo be teksilembi
家齊	boo teksilebumbi	boo teksilebumbi
治國	gurun be dasambi	gurun be dasambi
國治	gurun dasabumbi	gurun dasabumbi

天下平	abkai fejergi necin ombi	abkai fejergi necin ombi

資料來源：(1) 滿文本《日講大學解義》，臺北國立故宮博物院典藏，康熙 16 年武英殿刻本。(2) 滿漢合璧《御製繙譯大學》，收入《欽定四庫全書》經部。乾隆 20 年武英殿寫本。

以《大學》三綱領、八條目爲例。三綱領之首「明明德」，朱子注曰：

> 明，明之也。明德者，人之所得乎天，而虛靈不昧，以具眾理而應萬事者也。但爲氣稟所拘，人欲所蔽，則有時而蔽，則有時而昏。然其本體之明，則有未嘗息者，故學者當因其所發而遂明之，以復其初也。

可知朱子所云「明明德」，第一「明」字爲動詞，即「明之」之義。而「明德」是得自天的本體之明，但受氣稟所拘，人欲所蔽，故須回復至最初無蔽無昏之本體之明，才是「明明德」。康熙朝《清文日講大學解義》將「明明德」譯作「genggiyen erdemu be genggiyelere」，意即「把明德明（之）」。其中，「genggiyen」有「光明」、「明」、「清」之義，符合朱子之意。而「erdemu」之含義較漢文爲廣，有「德」、「才」等意義。因此，就滿人來理解「明明德」，所欲明的對象，不僅包含德性的範疇，亦含括才能的部分。以紫禁城內的「觀德殿」爲例，漢人對於「德」字之概念，往往限於品德、德行。因此，很容易將「觀德」二字，誤爲與品德修養有關，然而滿文卻譯作「gabtara yamun」，即「射箭的衙門」；理由在於滿人重騎射，騎射嫻熟是滿人才德可觀的表現。〔註 4〕故滿人對於漢字「德」之理解，與漢人並不全然相等。而《清文日講大學解義》中「明明德」之譯法，到了乾隆朝重譯《四書》時仍維持原樣，可見乾隆帝認爲繙譯恰當，無須再改。

第二綱領「親民」，朱子循程頤之說加以發揮，注云：

> 程子曰：「親，當作新。」……新者，革其舊之謂也。言既自明其明德，又當推以及人，使之亦有以去其舊染之污也。

朱子將「親民」釋作「新民」，「親」（新）字是爲動詞。依其意，大學之道，

〔註 4〕莊吉發，〈臺北故宮博物院現藏檔案與清朝宮廷史研究〉，《清史論集》第 21 輯（臺北：文史哲出版社，2011），頁 12～13。

須先自明明德，再推及他人，使之革去舊染之污，即「新民」。《清文日講大學解義》、《御製繙譯大學》均將「親民」譯作「irgen be icemlere」，意即「把民更新」，動詞「icemlere」有「更新」、「見新」之義，亦是循朱子之說。

第三綱領「止於至善」，《御製繙譯大學》作「ten i sain de ilinara」。其中「ten i sain」（極善）容易理解，但「ilinara」字義頗費思量。「ilinara」之原型動詞爲「ilinambi」，無論是《大清全書》或《清文總彙》，均釋作「止於至善之止」，或「去立著」、「去站立」。《滿和辭典》則作「去站立」、「立定」。其實存在著前進動態之概念，而非停在原地靜止不動。因此，可解爲去行動達到目標。朱子言：

> 止者，必至於是而不遷之意。至善，則事理當然之極也。言明明德、新民，皆當止於至善之地而不遷。蓋必其有以盡夫天理之極，而無一毫人欲之私也。

朱子所說的「止」是「至」，即「到達」之意。由上可知，對於不懂漢文的滿人而言，透過滿文來理解儒家典籍，又會產生不同的解釋，這也取決於譯者的詮釋。

其次，分論八條目。首先，「格物」一詞，《清文日講大學解義》與《御製繙譯大學》均作「jaka be hafure」（把物通），因其後有介系詞「de bi」（在），故原形動詞「hafumbi」（通）須轉爲「hafure」動名詞形式。而滿文「hafumbi」字義本身並非一成不變，以康熙二十二年（1683）京師宛羽齋刻本《大清全書》爲例，「hafumbi」有「通」、「達」之義。而光緒二十三年（1897）刻本《清文總彙》，收錄了《清文彙書》及乾隆《清文補彙》二書，對「hafumbi」之解有「凡物直透通了」、「書讀通了」、「一貫之貫」、「許多層的物件水濕透之透」、「痘子出透之透」，可知其義爲「通透」、「貫通」。因此，「格物」之滿文「jaka be hafumbi」，康熙朝《清文日講大學解義》可釋爲「把物通達」；乾隆朝《御製繙譯大學》則釋爲「把物通透」。二者義雖相近，仍有些微不同；「通透」似較「通達」更爲入裡。因此，同一字字義之演變，亦須加以考量，須輔以同時期之辭書，較能掌握原義。若以後解前，或以前解後，皆有所偏失。

二朝所譯「格物」滿文，是否與朱熹原意相合？朱注云：「格，至也。物，猶事也，窮至事物之理，欲其極處無不到也。」以所格之對象「物」而言，滿文譯爲「jaka」，僅指「物」、「物件」，並不包含「baita」（事），顯然不是朱子所言統含「事物」之大範疇。而滿文將「格」字譯爲「hafumbi」（通透），也與朱子所言「至」相去甚遠。那麼，滿文譯法到底是採何家之言？

王守仁早年讀到朱子所云「格物」是「窮至事物之理」，便與錢友同論做聖賢要格天下之物，對亭前的竹子格起來，錢友第三日就病了，王守仁自己熬到第七日也病了，不得不放棄格竹子的方法。在《傳習錄》卷中，答顧東橋書言：

> 「格」字之義，有以「至」字訓者，如「格於文祖」、「有苗來格」，是以「至」訓者也。然「格於文祖」，必純孝誠敬，幽明之間，無一不得其理，而後謂之「格」。有苗之頑，實以文德誕敷而後格，則亦兼有「正」字之義在其間，未可專以「至」字盡之也。如「格其非心」、「大臣格君心之非」之類，是則一皆「正其不正以歸於正」之義，而不可以「至」字爲訓矣。且《大學》「格物」之訓，又安知其不以「正」字爲訓，而必以「至」字爲義乎？

他不贊同朱子將「格」訓爲「至」，而舉「格其非心」諸例，說明「格」應訓爲「正」。因此，他以爲：「格者，正也，正其不正以歸於正也。」〔註5〕至於「物」的解釋，在與徐愛對話中即有討論。徐愛言：「『格物』的『物』字，即是『事』字，皆從心上說。」王守仁回答：

> 然。身之主宰便是心，心之所發便是意，意之本體便是知，意之所在便是物。如意在於事親,，即事親便是一物；意在於事君，即事君便是一物；意在於視、聽、言、動，即視、聽、言、動便是一物。所以某說無心外之理，無心外之物。〔註6〕

由此看來，王守仁雖然將「格物」之「物」亦解釋爲事物，但他從心上說，心之所發是意，意之所在便是物，無心外之理，心外之物，純粹是從主觀的心學觀點來看待事物。而朱子言「物」，則是客觀的外在事物。因此，對於「格物」之解便分歧了。滿文繙譯「格物」一詞，既未依照朱子之意，亦未採王守仁之說。值得留意的是抨擊朱陸的顏李學派李塨（1659～1733）在《大學辨業》中列舉諸家「格」義之銓說：

> 格，《爾雅》曰：「至也。」《虞書》「格于上下」是也。程子、朱子於「格物」格字皆訓至。又，《周書·君奭篇》「格于皇天」、「天

〔註5〕《傳習錄》，卷上，陸澄錄

〔註6〕《傳習錄》，卷上，徐愛錄

壽平格」，蔡注訓「通」。又，《孔叢子諫格虎賦》，格義同博；顏習齋謂格物之格如之，謂親身習其事也。又，《爾雅》：「格格，舉也。」郭璞注曰：「舉持物也。」又，《爾雅》「到」字「極」字皆同「格」，蓋到其域而通之，博之舉之以至於極，皆格義也。〔註 7〕

其中，引蔡邕注《周書・君奭篇》「格于皇天」、「天壽平格」訓「通」義，符合滿文「格」字之譯法。而南宋末年之黎立武，於《大學本旨》云：「格物即物有本末之物，致知即知所先後之知。蓋通徹物之本末，事之終始而知用力之先後耳。」〔註 8〕亦是將「格物」之「格」解爲「通徹」。因此，滿文繙譯《大學》，並非固守朱子注解，而是參酌各家所說，擇取其一，其背後即是對文義的一種思辨過程。

「致知」一詞，《清文日講大學解義》作「sara be akūmbumbi」，其中「sara」（知）是動詞「sambi」的名詞化，「sambi」是「知道」、「伸展」之意，說明知的本身，隱含著一種動態的擴展，並沒有區分特定範疇。「akūmbumbi」則是「竭盡」之意，「sara be akūmbumbi」即是「把知竭盡」。而《御製繙譯大學》將「致知」譯作「sarasu de isibumbi」，以「sarasu」替換了原來的「sara」，將「知」界定爲「知識」，與朱子所言相同。而「isibumbi」是「使之到達」、「及」之義。因此，「sarasu de isibumbi」可釋爲「使之到達於知識」。朱注：「致，推及也。知，猶識。推及吾之知識，欲其所知無不盡也。」有趣的是，《清文日講大學解義》掌握了後句「欲其所知無不盡也」，所以譯成「把知竭盡」，而《御製繙譯大學》擇取了「致，推及也。知，猶識。」譯成「使之到達於知識」，與朱子所言「推及吾之知識，欲其所知無不盡也」，解釋大爲不同。

「誠意」的譯法，《清文日講大學解義》、《御製繙譯大學》均作「gūnin be unenggi obumbi」，即「把意使成爲誠」。其中「gūnin」（意），乃心之所發，……而「obumbi」（使成爲）頗有深義，即「意」原本不是「誠」，而使之成爲「誠」，須經反省修養工夫才能達致，故未譯爲「意是誠」。朱注：「誠，實也。意者，心之所發也。實其心之所發，欲其必自謙而無自欺也。」簡言之，「誠意」即「實其意」。此處「實」作爲動詞，即「把意實之」。觀滿文原來逐字字義爲：

〔註 7〕李塨，《大學辨業》卷 2。引自《中國學術名著今釋語譯》清代編（臺北：西南書局，1972），頁 314～315。

〔註 8〕黎立武，《大學本旨》收入《四庫全書》經部四書類。

把意使成爲誠。而「unenggi」亦有「眞實」之意，使之成爲誠即是眞實，也就是「實之」，符合朱子詮釋。

「正心」，《清文日講大學解義》與《御製繙譯大學》滿文均作「mujilen be tob obumbi」，即「把心使成爲正」，句法與上述「誠意」相同。其中「心」譯爲「mujilen」，是一種抽象的存在，能主宰人的行爲，與人體器官心臟之心「niyaman」不同。《清文日講大學解義》釋云：

> 心乃身之所主，欲修其身而使無有或愆，必先使心之所存大中至正，無少偏邪，斯身之所行皆善矣。〔註 9〕

有趣的是，雖然釋文提到「使心之所存大中至正」，但經文並未譯出「大中至正」，而是依漢字字義繙出。乾隆朝重譯時亦未刪改原譯，說明經審定後，此譯仍屬恰當。

「修身」之譯法，康熙朝與乾隆朝頗爲不同。康熙朝《清文日講大學解義》作「beyebe dasambi」，乾隆朝《御製繙譯大學》作「beyebe tuwancihiyambi」。將「修」字繙爲「dasambi」與「tuwancihiyambi」，區別在哪？《四書》稿本天頭黃簽，恰好說明了改譯的原因。

> 「治」作 dasambi，「修」作 dasambi，似無分別。查《古文淵鑒》內有「修治」連用者，將「修」字繙作 dasambi，「治」字繙作 tuwancihiyambi。又，查《清文鑑》ehe be sain obume halara be dasambi sembi。calabuha dašarabuha〔註 10〕baita be inu obume dasara be tuwancihiyambi sembi。是 tuwancihiyambi，清語與修字語意相符。今遵照《清文鑑》擬將「修」字改作 tuwancihiyambi。〔註 11〕

黃簽爲譯臣所述意見，再請求乾隆帝裁示。原來滿文「dasambi」有多重含義，「治國」、「治理」、「醫治」之「治」；「修理」之「修」，皆可使用。但漢文「修」與「治」是兩種不同的意義，在「修身齊家治國平天下」中，「修身」之「修」與「治國」之「治」，如果皆繙爲「dasambi」，便無法清楚詮釋漢文文義。因此，譯臣檢索《古文淵鑒》，雖見「修治」連用之例，但不如《清文鑑》解釋的清楚，因而採用《清文鑑》說法，將「修身」之「修」，

〔註 9〕《日講大學解義》，收入《欽定四庫全書》，卷 1，頁 5。

〔註 10〕此處 dašarabuha 爲 tašarabuha 之誤。又，《御製清文鑑》原文作 tašarabuha calabuha。

〔註 11〕徐莉，〈滿文《四書》修訂稿本及其價值〉，《滿語研究》2008 年 1 期（總第 46 期），頁 66。

改譯作「tuwancihiyambi」。黃簽中所言《清文鑑》，即康熙四十七年（1708）成書之《御製清文鑑》，但通書以滿文撰成，並無漢文譯本。至乾隆三十六年（1771），乾隆帝又修成《御製增訂清文鑑》，詞彙的部分滿漢並列。《御製清文鑑》「baita icihiyara hacin jai」（辦事類第二）「dasambi」 字下爲「ehe be sain obume halara be dasambi sembi」；即「把壞的更改使成爲好的」叫做「dasambi」。對照《御製增訂清文鑑》，漢文譯作「改正」。而「tuwancihiyambi」字下爲「tašarabuha calabuha baita be inu obume dasara be tuwancihiyambi sembi」；即「把錯謬了的事也使得改正」叫做「tuwancihiyambi」。句中多一「也」字，有二層含義；除了把壞的更改成爲好的之外，還加上改正錯謬之事。對照《御製增訂清文鑑》，漢文譯作「撥正」。總之，修身是透過修養工夫而達致，不僅須改正自身，亦包含外在行爲。因此，乾隆《御製繙譯大學》將「修身」之「修」繙爲「tuwancihiyambi」，思考更爲深入。

「齊家」，《清文日講大學解義》、《御製繙譯大學》均作「boo be teksilembi」。其中「teksilembi」是「整齊」、「均齊」、「整頓」，意爲「把家整齊」，即《日講大學解義》之詮釋，「整齊一家之人，長幼尊卑各得其分」。

「治國」，《清文日講大學解義》、《御製繙譯大學》均作「gurun be dasambi」，滿文「dasambi」有「治」、「改正」、「修理」等義，能理解爲「把國整治、治理」。

「平天下」，《清文日講大學解義》、《御製繙譯大學》均作「abkai fejergi necin ombi」，其中「necin」是指「和平」，而漢文「平」字作動詞使用，滿文繙作「necin ombi」（成爲和平），「ombi」（成爲）並無使動態，與前面「正心」之繙法不同，心是要使之成爲正，故用使動態「obumbi」（使成爲）。而「平天下」是從「修身」、「齊家」、「治國」逐步達成。因此，「平天下」的滿文意思是「天下成爲和平」。可見滿文繙譯漢文，皆經仔細斟酌文義。

以上對於八條目詞彙的個別討論，看不出彼此之間的關連。然而朱子在每章之後均列重點提示，可以明白彼此間的關係：

（1）傳之六章，釋誠意。「釋誠意」滿文作「gunin be unenggi obure be suhebi」，意即「解說使意成爲誠」。

（2）傳之七章，釋正心修身。「釋正心修身」滿文作「ujilen be tob ubure, beyebe tuwancihiyara suhebi」，意即「解說使心成爲正，把自身撥正」。

（3）傳之八章，釋修身齊家。「釋修身齊家」滿文作「beyebe tuwancihiyara, boo be teksilere be suhebi」，意即「解說把自身撥正，把家均齊」。

（4）傳之九章，釋齊家治國。「釋齊家治國」滿文作「boo be teksilere, gurun be dasara be suhebi」，意即「解說把家均齊，把國治理」。

（5）傳之十章，釋治國平天下。「釋治國平天下」滿文作「gurun be dasara, abkai fejergi be necin obure be suhebi」，意即「解說把國治理，使天下成爲和平」。

其中，意爲心之所發，故正心至關緊要，而正心與修身有關，修身與齊家有關，齊家與治國有關，治國與平天下有關，一環扣一環，層層推衍其義。通篇結構脈絡分明，條理清晰。《大學》經朱熹改造後，成爲一有系統之論述，從誠意、正心、修身、齊家、治國、平天下，「內聖外王」之修養工夫由是建立。

三、康熙、乾隆二朝繙譯辭彙比較

前述由內容架構解析繙譯法，亦須藉由辭彙來比較二朝繙譯上之差異，以下列舉文中所見古書篇章名、人名、地名、國名等，進行比較、分析。

表 5-5　康、乾二朝滿文繙譯《大學》辭彙對照表

	《日講大學解義》（康熙朝） inenggidari giyangnaha dai hiyo i jurgan be suhe bithe	《御製繙譯大學》（乾隆朝） han i araha ubaliyambuha amba tacin bithe
〈康誥〉	k'ang g'ao	k'ang šu i ulhibun fiyelen
〈大甲〉	tai giya	tai giya fiyelen

〈帝典〉	di diyan	yoo han i kooli fiyelen
《詩》	ši ging	irgebun i nomun

	康熙朝	乾隆朝		康熙朝	乾隆朝
堯	yoo	yoo han	湯	tang	tang han
舜	šūn	šūn han	周	jeo	jeo gurun
桀	giyei	giyei han	殷	in	yen gurun
紂	juo	juo han	夷	i	aiman

由上表可知，《清文日講大學解義》對於名詞之繙法，大多採漢文音譯，以致於無法分辨究竟是指人、事、物中的哪一項。如文中常見「康誥曰」之「康誥」，《清文日講大學解義》作「k'ang g'ao」，而《御製繙譯大學》作「k'ang šu i ulhibun fiyelen」。其中「k'ang」改譯作「k'ang šu」（康叔）；「g'ao」則改譯作「ulhibun fiyelen」，「ulhibun」是「誥」，「fiyelen」則是「篇章」，意即「康叔的誥篇」；說明「康誥」是一種文體篇章。同樣的，「大甲」，《清文日講大學解義》音譯作「tai giya」，可知「大」原唸「太」，而《御製繙譯大學》改譯作「tai giya fiyelen」，除了保留原來的音譯，其後再加一字「fiyelen」

（篇章），說明「大甲」其實是一篇章名。又如「帝典」，《清文日講大學解義》作「di diyan，」《御製繙譯大學》改作「yoo han i kooli fiyelen」，其中「yoo han」即「堯帝」，「kooli」是指「法例」、「典」，意即「堯帝的典章」。而文中亦常見「詩曰」，此「詩」即《詩經》。《清文日講大學解義》音譯作「ši ging」，《御製繙譯大學》意譯作「irgebun i nomun」，第一字「irgebun」即「詩」，再加所有格「i」（的），其後「nomun」是「經典」，意即「詩的經」。以上所舉例子，爲《御製繙譯大學》中對於文獻、典籍之改譯方式，使得漢文屬何種文獻，一目了然。

有關人名之譯法，《清文日講大學解義》皆採音譯，如「堯舜帥天下以仁，而民從之；桀紂帥天下以暴，而民從之。」其中「堯」、「舜」、「桀」、「紂」，分別作「yoo」、「šūn」、「giyei」、「juo」；又如「湯之盤銘」的「湯」亦作「tang」。對於不了解漢族歷史的滿人而言，其實不能明白所指爲何。因此，《御製繙譯大學》除了保留原來的音譯字之外，其後均加一「han」（帝）字，說明「堯」、「舜」、「桀」、「紂」、「湯」皆是「帝」，清楚表達此爲人名及其身份。又如「周雖舊邦」，之「周」字，《清文日講大學解義》音譯作「jeo」，與人名「juo」（紂）發音近似，也容易誤解。《御製繙譯大學》改譯作「jeo gurun」（周朝），加以區別之後，詞義也清楚。同樣地，「殷之未喪師」的「殷」，《清文日講大學解義》音譯作「in」，《御製繙譯大學》改譯作「yen gurun」，即「殷朝」（商朝）。表中最後一字，即頗具爭議的「夷」字，《清文日講大學解義》音譯作「i」，而《御製繙譯大學》改譯作「aiman」（部落）。或許有人以爲滿人是避諱被漢人稱爲「夷」所以改譯，實際上並非如此。由於音譯「i」，難於判定是指人名、地名或國名，改譯「aiman」（部落）就很清楚。何況雍正帝曾降下諭旨，禁止書籍內遇胡、虜、夷、狄等字，採用空白或改字形，〔註12〕因爲這表示漢人把滿人視爲胡、虜、夷、狄，又畫蛇添足地加以避諱。

第三節　《中庸》文本及序文意涵

《中庸》原是《禮記》中第三十一篇，朱熹爲之作章句，收錄於《四書章句集注》之中，自此與《大學》、《論語》、《孟子》四書並行。從內容改動的情況來看，與《大學》互相比較，朱熹對《中庸》的分章長短，雖然與《十

〔註12〕《史語所藏內閣大庫檔案》，127538-001。

三經》中孔穎達注疏本並不一致，但並未改易其內容，而是保留了原來的字句和次序。滿文本據以繙譯之《中庸》，就目前所見書籍目錄，主要是收入繙譯《四書》之中，或是與《大學》合刊。如 1983 年出版之《世界滿文文獻目錄》，歸入哲學類，編號 19012《大學中庸》，爲滿漢合璧刻本，一冊，22.7x14.2 公分，現藏北京圖書館。1991 年出版之《全國滿文圖書資料聯合目錄》，歸入哲學類，編號 0003《大學中庸》，並列出滿文書名，羅馬拼音轉寫作「amba tacin an dulimba bithe」。〔註 13〕分別有乾隆二十年（1755）滿漢合璧刻本，一冊，18.3x13.7 公分，現藏大連市圖書館；以及滿漢合璧刻本，一冊，22.7x14.2 公分，現藏北京圖書館，後者與《世界滿文文獻目錄》所錄爲同一本。2008 年出版之《北京地區滿文圖書總目》，經部四書類，編號 0072《大學中庸》「amba tacin an dulimba bithe」，〔註 14〕爲滿漢合璧刻本，一冊，線裝，黑口，頁面 25×15.5 公分，半葉版框 22.4×14 公分，四周單邊 10 行，版口有單魚尾，漢文篇目頁碼，現藏中國國家圖書館。

就版本而言，刻本錯誤率偏高，常見於滿文漏刻或脫落圈點，如：ᠪᡝ be（把、伯、我們），右邊少一點即成 ᠪᠠ ba（地方、里數），須賴上下文才能推斷；亦有板塊模糊或刷印不清者。而手抄本也可能少一牙或抄寫錯誤，如 ᠠᠨᠠᡴᡡ anakū（鑰匙），至少要寫上六牙，而第三牙左邊一點不可少，必須詳加審辨。因此，滿文譯本之善本選擇，以錯誤較少，字畫清楚者爲佳，本章所採《御製繙譯中庸》，爲《欽定四庫全書》所收錄乾隆二十八年以後之寫本，〔註 15〕錯誤率較低，而臺北國立故宮博物院典藏之康熙十六年（1677）《清文日講四書解義》，由於是刻本，即存在著上述諸多問題，惟以地利之便，容易借閱，助益亦良多，可惜至今仍未出版，影印亦有所限制，故多處無法以原文呈現。至於大陸地區之善本書籍，借閱並非易事，暫時不納入考量。值得一提者，法國國家圖書館提供許多滿文善本線上閱覽及下載，可惜《清文

〔註 13〕原書缺滿文書名，所列者係編纂者加以補譯。

〔註 14〕凡例中說明原來只有漢文題名而無滿文題名，所見滿文題名，是依據漢文題名譯寫。由於本書並無標注年月，如此一來便難以判斷是否譯的正確。同樣是乾隆朝，在欽定清語前後譯法有別，若是在欽定清語之後，《大學中庸》譯成「amba tacin an dulimba bithe」並無多大問題，若在欽定清語之前，應當採音譯作「dai hiyo jung yung bithe」。

〔註 15〕據書中「弘」字缺末筆，當是乾隆二十八年（1763）以後避乾隆帝御名所改之寫本。

日講四書解義》漏掃原文，內容僅見相關之奏摺及法文概述，因而無法加以利用，是故不得不藉助臺北國立故宮博物院典藏之《清文日講四書解義》來進行康熙朝與乾隆朝之滿文異同比較、研究。

乾隆朝因欽定清語之故，逐步進行滿文標準化，首先便是將《四書》滿文譯本重新加以繙譯，《欽定四庫全書》經部所收之乾隆二十年（1755）滿漢合璧《御製繙譯四書》，即是釐定後的標準範本。從清代公文檔案中可知，咸豐六年（1856）前任巴里坤領隊大臣孟保進呈繙譯《大學衍義》，大學士文慶督同繙書房司員等詳加校訂，皆是「欽遵乾隆年間《欽定繙譯四書五經》、《通鑑》，各按新語，詳加釐定。」〔註16〕由此可見，乾隆朝重譯之滿漢合璧本《四書》，其影響及重要性不容忽視。《御製繙譯四書》中的《御製繙譯中庸》，開篇即繙譯〈中庸章句序〉，可知是以朱熹《中庸章句》爲底本，此序爲朱熹所作，然而滿文繙譯序文，並未將文末「淳熙己酉春三月戊申新安朱熹序」譯出，漢文也略去，乾隆帝「御製繙譯」之意義大於原著作者是何人。而〈中庸章句序〉中，其實清楚地傳達了《中庸》的著述目的及相關問題，然而今日坊間許多白話注解本，常略去原著的序文，是以不明著作旨趣，故逐錄漢文序之原文及滿文繙譯轉寫之羅馬拼音對照如下，以便從中發掘問題。

> 中庸何爲而作也？子思子憂道學之失其傳而作也。蓋自上古聖神繼天立極，而道統之傳有自來矣。其見於經，則允執厥中者，堯之所以授舜也。人心惟危，道心惟微，惟精惟一，允執厥中者，舜之所以授禹也。堯之一言，至矣盡矣。而舜復益之以三言者，則所以明夫堯之一言，必如是，而後可庶幾也。蓋嘗論之，心之虛靈知覺，一而已矣。而以爲有人心、道心之異者，則以其或生於形氣之私，或原於性命之正，而所以爲知覺者不同。是以或危殆而不安，或微妙而難見耳。然人莫不有是形，故雖上智不能無人心，亦莫不有是性，故雖下愚不能無道心。二者雜於方寸之間，而不知所以治之，則危者愈危，微者愈微，而天理之公，卒無以勝夫人欲之私矣。精則察夫二者之間而不雜也，一則守其本心之正而不離也。從事於斯，無少間斷，必使道心常爲一身之主，而人心每聽命焉，則危者安、微者著，而動靜云爲，自無過不及之差矣。夫堯、舜、禹，天下之大聖也。以天下相傳，天下之大事也。以天下之大聖，行天下

〔註16〕《史語所藏內閣大庫檔案》，057889-001；057893-001。

之大事，而其授受之際，丁寧告戒，不過如此。則天下之理，豈有以加於此哉？自是以來，聖聖相承，若成湯、文、武之爲君，皋陶、伊、傅、周、召之爲臣，既皆以此而接夫道統之傳；若吾夫子，則雖不得其位，而所以繼往聖、開來學，其功反有賢於堯舜者。然當是時，見而知之者，惟顏氏、曾氏之傳得其宗。及曾氏之再傳，而復得夫子之孫子思，則去聖遠而異端起矣。子思懼夫愈久而愈失其眞也，於是推本堯舜以來相傳之意，質以平日所聞父師之言，更互演繹，作爲此書，以詔後之學者。蓋其憂之也深，故其言之也切；其慮之也遠，故其說之也詳。其曰「天命率性」，則道心之謂也。其曰「擇善固執」，則精一之謂也。其曰「君子時中」，則執中之謂也。世之相後，千有餘年，而其言之不異，如合符節。歷選前聖之書，所以提挈綱維、開示蘊奧，未有若是其明且盡者也。自是而又再傳以得孟氏，爲能推明是書，以承先聖之統，及其沒而遂失其傳焉。則吾道之所寄，不越乎言語文字之間，而異端之說，日新月盛，以至於老佛之徒出，則彌近理而大亂眞矣。然而尚幸此書之不泯，故程夫子兄弟者出，得有所考，以續夫千載不傳之緒；得有所據，以斥夫二家似是之非。蓋子思之功，於是爲大，而微程夫子，則亦莫能因其語而得其心也。惜乎！其所以爲說者不傳，而凡石氏之所輯錄，僅出於其門人之所記，是以大義雖明，而微言未析。至其門人所自爲說，則雖頗詳盡，而多所發明，然倍其師說而淫於老佛者，亦有之矣。熹自蚤歲，即嘗受讀而竊疑之，沈潛反復，蓋亦有年，一旦恍然似有以得其要領者，然後乃敢會眾說而折其中，既爲定著章句一篇，以俟後之君子。而一二同志，復取石氏書刪其繁亂，名以輯略，且記所嘗論辯取舍之意，別爲或問，以附其後。然後此書之旨，支分節解、脈絡貫通、詳略相因、巨細畢舉，而凡諸說之同異得失，亦得以曲暢旁通，而各極其趣。雖於道統之傳，不敢妄議，然初學之士，或有取焉，則亦庶乎行遠升高之一助云爾。

滿文羅馬拼音轉寫：

an dulimba bithe be aide araha seci, dz sy dz doroi tacin i ulan be ufararahū seme jobošome arahabi, ainci dergi julgei enduringge šengge,, abka be sirame ten be ilibure jakade, doroi šošohon i ulan tereci deribuhebi,, nomun de tucibuhengge oci, tere dulimba be teng seme jafa sehengge, yoo han i šūn de afabuhangge,, niyalmai mujilen dembei tuksicuke, doroi mujilen dembei narhūn, damu geterembu, damu emu obu, tere dulimba be teng seme jafa sehengge, šūn han i ioi de afabuhangge,, yoo han i emu gisun, ten de isibume akūnaha bime, šūn han, geli ilan gisun nonggihangge, cohome yoo han i emu gisun be,, urunakū uttu oho manggi, teni haminaci ojoro be getukelehengge,, kemuni leolehengge mujilen i kumdu ferguwen sara ulhirengge, emu dabala, niyalmai mujilen, doroi mujilen i ilgabun bi sehengge, ememu arbun sukdun i cisu ci banjinaha, ememu banin hesebun i tob ci tucinjihe, sara ulhirengge adali akū ojoro jakade, tuttu embici tuksiteme jecuhunjeme elhe akū, embici narhūn ferguwecuke saci ojorakū ohobi,, tuttu seme, niyalma de ere arbun akūngge akū ofi, udu ten i mergengge seme, niyalmai mujilen be akū obume muterakū,, inu ere banin akūngge akū ofi, udu dubei mentuhun ningge seme, doroi mujilen akū seci ojorakū,, ere juwe hacin, gūnin i dolo suwaliyangajafi, dasara be sarkū oci, tuksicukengge ele tuksicuke, narhūn ningge ele narhūn ofi, abkai giyan i tondo hono niyalmai buyen i cisu be eterakū ombi,, geterembure oci, ere juwe i siden be kimcime, suwaliyata akū ombi,, emu obure oci, terei da mujilen i tob be tuwakiyame, aljarakū ombi,, erebe sithūfi kiceme, majige giyalan lakcan akū, urunakū doroi mujilen be enteheme emu beyei da obufi, niyalmai mujilen be urui ici dahara de isibure ohode, tuksicukengge elhe ojoro, narhūn ningge iletulere be dahame, aššan cibsen gisun yabun de, ini cisui dabatala ebele i calabun akū ombi,, yoo han, šūn han, ioi han serengge, abkai fejergi i amba enduringge kai,, abkai fejergi be ishunde ulahangge, abkai fejergi i amba baita kai,, abkai fejergi i amba enduringge, abkai fejergi i amba baita be yabumbime, terei afabure alime gaijara sidende, dahin dabtan i alaha targabuhangge, damu uttu bihe be tuwaci, abkai fejergi i giyan, ainahai ereci dulerengge bini,, tereci ebsi, enduringge i enduringge be sirme, ceng tang, wen u i ejen oho, g'ao yoo, i yen, fu yuwei, jeo gung, šoo gung ni amban ohongge, gemu ereni doroi šošohon i ulan be alihabi,, musei fudz oci, udu tenteke tušan be bahakū bicibe, nenehe enduringge be sirame jidere tacin be neihengge, terei gungge, hono yoo han, šūn han ci fulu i gese,, tuttu seme, tere fonde, sabufi sahangge, damu yan halangga, dzeng halangga i ulan, terei da be baha bihe,, amala dzeng halangga geli ulafi, kemuni fudz i omolo dz sy be bahacibe, tere enduringge ci sangkangge goro ofi, encu demun i tacin dekdere jakade, dz sy, ele goidaci ele yargiyan be ufararahū seme olhome, tereci yoo han, šūn han ci ebsi, ishunde da ulaha gūnin be badarambume, geli an i ucuri ama, sefu ci donjiha gisun de duilefi, forgošome fisembume, ere bithe arafi, amaga tacire urse de ulhibuhe,, ainci terei jobošohongge šumin ofi, tuttu gisurehengge, tengkicuke,, gūnihangge goro ofi, tuttu leolehengge akūnaha,, terei abkai hesebuhengge, banin be daharangge sehengge, doroi mujilen be henduhebi,, terei sain be sonjofi, teng seme tuwakiya sehengge, geterembure, emu obure be henduhebi,, terei ambasa saisa, erin i dulimba sehengge, dulimba be jafara be henduhebi,, jalan i ishunde sangkangge, minggan aniya funcehe bime, terei gisun encu akūngge, uthai acangga temgetu be acabuha adali,, nenehe enduringge i bithe be aname tuwaci, hešen hergin be tukiyeme jafaha, narhūn somishūn be neileme ulhibuhengge, ere gese getuken bime, akūnahangge akū,, ereci geli dasame ulafi, meng halangga be bahafi, ere bithe be badarambume getukelefi, nenehe enduringge i šošohon be sirame mutehe bihe,, amala akū oho manggi, terei ulan uthai ufaraha,, tereci musei doroi taksihangge, gisun leolen bithe hergen i siden ci dulenderakū bime, encu demun i gisun, inenggidari icemleme biyadari yendehei, loodz, fucihi i jergi urse tucire de isinafi, giyan de ele hanci gojime, yargiyan be ambula facuhūraha,, tuttu seme, jabšan de ere bithe burubuhakū ofi, ceng fudz i ahūn deo tucifi, kimcire babe bahafi, minggan aniyai ulahakū doro be siraha,, fakjin obure babe bahafi, juwe booi inu de adališara waka be ashūha,, dz sy i gungge, ede amba ocibe, ceng fudz akū bici, inu terei gisun be dahame, terei mujilen be bahame muterakū bihe,, hairakan, terei gisurehe babe ulahakū,, ši halangga i yaya acamjame arahangge, damu ini šabisai ejehengge ci tucikebi, tuttu amba jurgan, udu getukelebuhe gojime, nahūn gisun be faksalahakūbi,, terei šabisai cisui banjibuha gisun de oci, udu umesi narhūšame akūmbufi, getukeleme tucibuhengge ambula bicibe, ini sefu i gisun ci jurcefi, loodz, fucihi de dosinahangge, inu bi, ju hi bi, asihan i fon ci gaifi hūlara de,, uthai dolori kenehunjeme, fuhašame sibkime, inu aniya goidaha,, emu cimari andande gaitai terei oyonggo ulhun be baha gese ofi, amala teni gelhun akū geren i gisun be acabufi, dulimba be jafafi lashalame, fiyelen gisun be tucibume emu yohi toktobume arafi, amaga ambasa saisa be aliyaha,, emu juwe mujin adali urse, geli ši halangga i arahangge be gaifi, terei largin facuhūn be meitefi, isamjaha yohibun seme gebulefi, geli an i ucuri leolehe ilgaha gaiha waliyaha gūnin be ejefi, gūwa fonjime sere bithe be encu arafi, erei amala kamcibure jakade, ere bithei jorin, teni gargan dendebume meyen ilgabume, sudala siren šuwe hafufi, narhūn muwa ishunde acanaha, amba ajige yooni tucinjihe bime yaya geren gisun i adali encu jabsaha ufarahangge, inu jakanjame neibufi bireme hafunafi, meimeni ici be akūmbuha,, udu doroi šošohon i ulan be gelhun akū balai gisureci ojorakū bicibe, tuktan tacire urse, ede gaijara ba bisire oci, inu goro yabure den be tafara de, majige tusa ome haminambidere,,

序文啓端便揭明著述目的：《中庸》是爲了什麼而作？朱熹如此回答：子思子憂道學之失其傳而作。此答案又衍生出三個問題：一、子思子是何人？二、道學是什麼？三、何以憂其失傳？

其一，子思子是何人？子思子即子思，後加一「子」字，是古時對男子的美稱。子思爲孔子之孫，曾子的弟子；相傳《中庸》爲子思所作，而朱熹亦接受這樣的說法。

其二，道學是什麼？「道學」滿文作「doroi tacin」，指的是「道的學問」。那麼，「道」又是什麼？依序文所述，「道」之解釋最早見於《書經》，即《尚書‧大禹謨》中的「允執厥中」四字，此四字頗難理解，滿文繙爲「tere dulimba be teng seme jafa」，意即「把那中實在地掌握」。漢文這四字爲堯授舜之一言，而舜授禹復增三言來明白堯之一言，即「人心惟危，道心惟微，惟精惟一，允執厥中。」此四言，句義亦不易明白，滿文繙作「niyalmai mujilen dembei tuksicuke, doroi mujilen dembei narhūn, damu geterembu, damu emu obu, tere dulimba be teng seme jafa」，即「人的心著實可畏，道的心著實細微，但使除淨，但使成爲一，把那中實在地掌握。」因此，堯授舜一言，舜又授禹四言，這就是「道統之傳」。「道統」，滿文作「doroi šošohon」，即「道的總綱、綱要」。那麼綱要中的「一」，意義又是什麼？朱子言：「心之虛靈知覺，一而已矣。」「虛靈」，滿文作「kumdu ferguwen」，意爲「空虛的靈智」；狀態似空虛無限，本身卻是智慧。「知覺」，滿文作「sara ulhirengge」，即「知的曉得者」，說明心不僅是智慧而且會通曉。朱子之意，心的虛靈、知覺原本無分是一，所以會分出人心、道心，「則以其或生於形氣之私，或原於性命之正。」然而上智、下愚之人皆分出二者，若不加以修治，則「天理之公，卒無以勝夫人欲之私。」因此，必須倚賴修養工夫。那麼，應如何修養？朱子說：「精則察夫二者之間，而不離也。一則守其本心之正，而不離也。從事於斯，無少間斷。」其中，「精則察夫二者之間」的「精」字頗費理解，滿文此句繙作「geterembure oci, ere juwe i siden be kimcime」，意即「若要除淨的話，把這二種的中間詳察著」。對照滿文，「精」就是「geterembure」，義同於「惟精惟一」之「精」，譯作「geterembu」（除淨）。而如此工夫所欲達致之目標，在於「必使道心常爲一身之主，而人心每聽命焉。」此即道學大意。

其三，何以憂道學失傳？這關乎子思處於什麼樣的時代，以及遭逢何種危機。序文中言道統之傳，自堯、舜、禹、湯、文、武、皐陶、伊尹、傅說、周公、召公、孔子、曾子依次傳遞，〔註 17〕其後到了子思之世，「則去聖道遠而異端起」。子思爲孔子嫡孫，所處之世正遭逢禮樂崩壞的時代，亦是諸子百家爭鳴之際，在儒家的眼中，其餘的學說便是「異端」了。「異端」，滿文繙作「encu demun i tacin」，即「別樣怪異的學問」，所以「子思懼夫愈久而愈失其眞也，於是推堯、舜以來相傳之意，質以平日所聞父師之言，更互

〔註 17〕漢文原文「皐陶伊傅周召之爲臣」，不僅讀音無法掌握，人名亦是問題，滿文卻分辨相當清楚，繙作「g'ao yoo, i yen, fu yuwei, jeo gung, šoo gung ni amban ohongge」，即皐陶、伊尹、傅說、周公、召公已成爲大臣者；滿文音譯亦符合古人讀音，可見是經一番考證工夫。

演繹，作為此書。」這便是朱子對《中庸》的著述目的以及如何成書的一番解釋。

其次，序中對於子思此書之說有精要數語：「其曰天命率性，則道心之謂也；其曰擇善固執，則精一之謂也；其曰君子時中，則執中之謂也。」當中三個重要詞彙「道心」、「精一」、「執中」，僅依漢文去理解，無法清楚掌握，試就滿文來看。其一，「其曰天命率性，則道心之謂也。」滿文繙作「terei abkai hesebuhengge, banin be daharangge sehengge, doroi mujilen be henduhebi」。「天命」滿文作「abkai hesebuhengge」，即「天所造化了的」，此指天賦之性。而「率性」滿文作「banin be daharangge」，即「把性跟隨者」。整句語意即：他所說天所賦之性，把此天性跟隨者，就是說道的心。可知「道心」是天所賦予的，跟隨天性的，不是人為造作者。其二，「其曰擇善固執，則精一之謂也。」滿文繙作「terei sain be sonjofi, teng seme tuwakiya sehengge, geterembure, emu obure be henduhebi」，意即「他所說把善選擇後，實實在在地看守者，就是說除淨了的使成為一。」可知「精一」是除淨了使成為一，也就是選擇善，實實在在地看守著，回到心原本虛靈知覺之「一」。其三，「其曰君子時中，則執中之謂也。」滿文繙作「terei ambasa saisa, erin i dulimba sehengge, dulimba be jafara be henduhebi」，意即「他所說君子時時的中者，就是說把中抓住。」可知「執中」是時時掌握住中。「道心」、「精一」、「執中」三者，是子思「歷選前聖之書，所以提挈綱維，開示蘊奧，未有若是其明且盡者也。」依朱子之意，三者是《中庸》一書之綱要。

道統之傳，至子思後有孟子，孟子之後便失傳了。其後異端之說日盛，佛老之徒出，能斥二家似是之非，是因《中庸》「此書之不泯，故程夫子兄弟者出，得有所考，以續夫千載不傳之續，得有所據。」所以《中庸》一書最大的意義，在於道統之傳遞。因此，未解讀〈中庸章句序〉，即無法了解《中庸》在道學中之定位及其重要性，而歷來亦未見有專為序文作注解者，其中難解之漢文，若無滿文譯文之輔助，即難於詳知其旨意為何。

序文末又提及《中庸章句》之後原附有〈或問〉，是「取石氏之書，刪其繁亂，名以輯畧，且記所嘗論辯取舍之意。」〈或問〉的作用是對《中庸章句》「此書之旨，支分節解、脈絡貫通、詳略相因、巨細畢舉，而凡諸說之同異得失，亦得以曲暢旁通，而各極其趣。」因此，欲了解《中庸章句》之旨意，必須參考〈或問〉，然而今日〈或問〉另輯成書，即《四書或問》，鮮有人注意其重要性，溯其原因，亦是未讀〈中庸章句序〉之故。

第四節　滿文繙譯《中庸》之詮釋

一、康熙、乾隆二朝繙譯詞彙比較

《中庸》文義深奧，歷來多有討論，而滿文繙譯《中庸》，亦有二階段代表性，康熙朝由於經筵日講之故，將《四書》講章彙輯成書，再繙譯滿文本《日講四書解義》。此階段重於義理詮釋，也由於繙譯初期滿文詞彙不足，對漢文許多名物亦未深究，故往往採用漢字音譯法，使得不識漢文之滿人無法理解。到了乾隆朝時，由於欽定清語的釐正，再度將《四書》重譯，因此對照前後譯本，可以了解滿文在使用上的變化。然而解句之前先須對繙譯辭彙有所掌握，以下列舉數例說明。

表 5-6　《中庸》滿漢辭彙對照表

	《日講中庸解義》 inenggidari giyangnaha jung yung ni jurgan be suhe bithe	《御製繙譯中庸》 han i araha ubaliyambuha an dulimba bithe
《中庸》	jung yung bithe	an dulimba bithe
中庸	dulimba an	an dulimba
大	amban	amba
小	ajigen	ajige

愼獨	emhun de ginggulembi	emhun de olhošombi
戒愼	targame serembi	targame olhošombi
修道	doro be dasarangge	doro be tuwancihiyarangge
子	kungdz	fudz
先公	nenehe gung	nenehe mafari
大夫	daifu hafasa	daifasa
士	ši	hafasi

夷狄	i di	tulergi aiman
事君	ejen be weileme	ejen be uileme
黿	yuwan	kailan
鼉	to	keilen
蛟	giyoo	nimada
祿	funglu	fulun
不豫則廢	doihomšorakū oci waliyabumbi	doigomšorakū oci, waliyabumbi

慎思之	gingguleme gūnimbi	olhošome gūnimbi
至誠	umesi unenggi	ten i unenggi

資料來源：(1) 滿文本《日講中庸解義》，臺北國立故宮博物院典藏，康熙 16 年武英殿刻本。(2) 滿漢合璧《御製繙譯中庸》，收入《欽定四庫全書》經部。乾隆 20 年武英殿寫本。

表中所列「中庸」一詞，作爲書名時，康熙朝《清文日講中庸解義》繙作「jung yung bithe」，前二字「jung yung」音譯自漢文「中庸」，後加一「bithe」（書），表示此爲書名，但仍無法了解書名含義。到了乾隆朝《御製繙譯中庸》時，將此改譯爲「an dulimba bithe」，其義爲「中庸書」，使得滿人易於明白是什麼內容的書。有趣的是，在《中庸》書內提及「中庸」一詞時，《清文日講中庸解義》繙作「dulimba an」，《御製繙譯中庸》卻倒過來，作「an dulimba」。「dulimba」有「正中之中」、「中間」、「東西南北中之中」等義，「an」爲「常」、「庸」。康熙朝繙「dulimba an」是按漢文「中庸」之語序來繙譯，也許「an dulimba」才是滿人能理解的語序，所以乾隆朝調換過來。此外，由早期滿文繙譯典籍中可以發現，某些字至清代中葉以後使用上的變化。例如滿文「大」字，康熙朝《清文日講中庸解義》中將「大」繙作「amban」，如「天地之大」作「abka na i amban」，「君子語大」作「ambasa saisai amban ba leolembi」；而《清文日講大學解義》中亦有將「大」繙作「amba」，如「大學」即是「amba tacikū」。「大」繙成「amban」，與「ejen amban」（君臣）之「amban」（臣）爲同一字，康熙朝滿文本起居注冊中也有「君臣上下一德，內外大小一心」之句，滿文作「ejen amban, dergi fejergi erdemu uhe, dorgi tulergi,amban ajigen i mujilen emu」。同一句，同一字「amban」，分別代表「臣」、「大」不同的意義。可見當時「amban」是一字多義，然而「amban」作「大」

解時，與「amba」界限不清。乾隆朝以後即區分清楚，「amban」爲「大臣」，「amba」是「大」。再看滿文「小」字，《清文日講中庸解義》作「ajigen」，如「語小」作「ajigen ba leolembi」。乾隆朝時即以「ajige」爲「小」，原來的「ajigen」含義限於「幼小」。

其次，表中「愼獨」一詞，《清文日講中庸解義》作「emhun de ginggulembi」，即「獨自時要恭謹」。《御製繙譯中庸》作「emhun de olhošombi」，即「獨自時要愼重謹愼小心」。「戒愼」一詞，《清文日講中庸解義》作「targame serembi」，「targame」是「戒備」之意，乃動詞副詞化用以修飾動詞「serembi」（覺察），可解爲「戒備著覺察」。而《御製繙譯中庸》重譯作「targame olhošombi」，將「serembi」（覺察）改爲「olhošombi」（謹愼小心），其意爲「戒備著謹愼小心」。乾隆朝的重譯，對於詞義之考量更爲縝密。

「修道」一詞，《清文日講中庸解義》作「doro be dasarangge」，《御製繙譯中庸》將「dasarangge」改作「tuwancihiyarangge」，原因即是重譯《大學》稿本上所說：「dasambi」兼「修」、「治」二義，似無分別，故欽定「tuwancihiyambi」爲「修」義。〔註 18〕稿本上此二字皆爲動詞原形，若去「mbi」尾加上「rangge」成動名詞形式，即是繙譯《中庸》所使用之字形，可釋爲「把道修者」。

漢文本《中庸》對於「孔子」均稱作「子」，《清文日講中庸解義》譯爲「kungdz」，即「孔子」音譯，《御製繙譯中庸》則改爲「fudz」即「夫子」音譯，稱「夫子」是因恭敬緣故避其姓氏之譯法。

「先公」一詞，《清文日講中庸解義》作「nenehe gung」，意爲「先前的公」，其義不明，《御製繙譯中庸》改爲「nenehe mafari」，原來是指「過往的祖先」。

「大夫」之複數形，《清文日講中庸解義》作「daifu hafasa」，第一字爲「大夫」音譯，可知此處漢文「大」讀如「代」。第二字爲意譯，意即「眾官」，表示此爲大夫官名。到《御製繙譯中庸》時，「daifu hafasa」則簡化成一字「daifasa」。以上諸例，或因原來詞義未愜，或以其他因素考量而予以重譯。

此外，尚有許多原先音譯自漢文，使滿人難懂而改譯者，略分爲人、事、物三方面。關於人的方面，如「士」，《清文日講中庸解義》音譯作捲舌之「ši」，

〔註 18〕徐莉，〈乾隆朝欽定四書五經滿文重譯稿本研究〉，《民族翻譯》2010 年第 1 期（總第 74 期）。

而《御製繙譯中庸》改譯作「hafasi」。滿文常在一些詞彙之後加上「si」，表示某一類特定之人。如「feye」（傷口、傷）加上「si」成爲「feyesi」（仵作），「angga」（人口）加上「si」成爲「anggasi」（寡婦）。而「士」譯作「hafasi」，表示與「hafan」有關，「hafan」是指「官員」，因此「hafasi」的詞義爲「做官的人」，與漢文常理解爲「讀書人」並不相同。此外，「夷狄」，《清日講中庸解義》音譯作「i di」，不易明瞭；《御製繙譯中庸》改作「tulergi aiman」，即「外面的部落」，清楚易懂。有關動物方面，如「黿」原音譯作「yuwan」，乾隆朝改譯作「kailan」，對應《御製五體清文鑑》之漢文「黿」（鱗甲部・河魚類），並無多加解釋，有可能當時的滿人已熟知此動物，無須多加解釋，由《新滿漢大辭典》可知爲「鱉」。「鼉」原音譯作「to」，乾隆朝改譯作「keilen」，對應《御製五體清文鑑》之漢文「鼉」（鱗甲部・河魚類），《新滿漢大辭典》釋爲「揚子鰐」，俗名「豬婆龍」的「鰐魚」。又「蛟」原音譯作「giyoo」，乾隆朝改譯爲「nimada」，是一種形似龍的動物。有關事物方面，如《清文日講中庸解義》中「祿」字繙爲「funglu」，係音譯自「俸祿」，而《御製繙譯中庸》改作「fulun」。與其相近之字爲「fulu」，有多、有餘的、優長等義，二字僅差 n 尾，可能是依「fulu」定新字「fulun」，因爲在康熙朝《大清全書》之類詞典，並未見有「fulun」一字。

二、句義之詮釋

對於漢人而言，《四書》雖是家喻戶曉之典籍，但未必人人盡懂其義，以《中庸》爲例，文內多處難以理解，除藉由漢文注解之類書籍輔助外，若能從滿文繙譯本著手，不失爲一便捷之法。而滿文譯本中，以乾隆朝之《欽定繙譯四書》爲後世歷朝所延用及繙譯所據範本，在繙譯的過程中，皆是尋繹漢文舊典，反覆推敲詳考其義始行譯出，自然能掌握原著大意。以下自《四庫全書》所收欽定本《御製繙譯中庸》數章列舉一、二例加以說明。

（1）天命之謂性，率性之謂道。

「天命」，滿文作「abkai hesebuhengge」，意即「天所賦予的」。而「性」字滿文用「banin」一詞，有「性質」、「性情」等義。「天命之謂性」，滿文譯作「abkai hesebuhengge be, banin sembi」即「把天所賦予的叫做性」。而「率性」一詞，滿文作「banin be daharangge」，意即「把性跟隨了的」，也就是跟隨了天所賦予之性叫做道。

（2）喜怒哀樂之未發，謂之中；發而皆中節，謂之和。

句中「中節」一詞，滿文作「kemun de acanarangge」，意即「合於準則者」；喜怒哀樂發而合於準則者，才稱爲「和」，「和」字滿文作「hūwaliyasun」，有「和順」、「和睦」之意，而「雍正」年號之「雍」，亦是此字。

（3）君子中庸。

由於漢文爲兩組名詞結合，缺少動詞，不易明白。滿文譯作「ambasa saisa, an dulimba ombi」於句末添加動詞「ombi」，有「成爲」、「爲之」之意，言君子行中庸。而康熙朝舊譯「ambasa saisa dulimba an」，即按照漢文字義繙譯，使得「ambasa saisa」（君子）與「dulimba an」（中庸）之間是何種關連，無法得知，相較於乾隆朝的譯法，可知是經斟酌考慮後的結果。

（4）擇乎中庸，而不能期月守也。

「期月」，滿文作「emu biya」，是指「一個月」，「守」之滿文作「tuwakiyame」，意即「看守著」，言選擇中庸後，而不能看守著一個月。

（5）回之為人也，擇乎中庸，得一善，則拳拳服膺，而弗失之矣。

「拳拳服膺」滿文作「memereme memereme gūnin de tebufi」，最後一字動詞「tebufi」，係動詞「tebumbi」（使住、使坐）之副動形，「gūnin de tebufi」即「使住於心之後」，而「拳拳」滿文譯爲「memereme memereme」，是由動詞「memerembi」（拘泥、貪）之並列副動形，用以修飾動詞「tebufi」，故應解爲：貪執固守地使住於心之後；這是指顏回得一善的態度，固守於心，不敢有所忘失。

（6）天下國家可均也，爵祿可辭也，白刃可蹈也，中庸不可能也。

「可均」滿文作「neigeleci ombi」，第一字「neigeleci」爲原形動詞「neigelembi」（均等對待）去詞尾「mbi」加「ci ombi」（可以）之變化，意即「天下、國、家可以均等對待」。而「中庸不可能也」之「不可能」頗難理解，滿文繙作「mutebuci ojorakū」，第一字「mutebuci」是由原形動詞「mutebumbi」（能成、使完成、使成就）去詞尾加「ci ojorakū」（不可）而來，意即「不可使之達成」。此四句是一對照，前三句可以達成，即天下、國、家可以均等對待，爵祿可以推辭，利刃可以去腳踏，但是中庸卻不易達到。

（7）君子和而不流，強哉矯。

句中「不流」，滿文作「eyerakū」，是由動詞「eyembi」（流動、低、變下流）去詞尾加否定成份「rakū」而來，說明君子雖和順而不變下流。「強哉矯」，滿文繙作「teng seme etenggi」，前二字「teng seme」爲片語，形容結實、堅固的樣子，用以修飾後面名詞「etenggi」（強），因此可解爲「著實的強」。

（8）素隱行怪，後世有述焉，吾弗為之矣。

「素隱行怪」滿文繙作「somishūn be feterere demungge be yabure de」，前三字「somishūn be feterere」（揭露他人隱藏之短），用來形容「demungge」（異端者），而「demungge」此字爲動詞「yabure」（行）之直接受詞，因此可解爲：做出揭發他人隱藏之短的異端行爲時，雖然後世有述說者，若是我也不做。

（9）君子之道，費而隱。

「費而隱」，康熙朝譯作「leli bime somishūn」，其中「leli」是「寬廣」，「somishūn」爲「隱藏」之意，言君子之道，是寬廣而隱藏不可見，乾隆朝則改譯爲「iletu bime somishūn」，其中「iletu」有「明」、「亮」、「顯」之意，說明君子之道，是顯明而不可見。參酌朱熹注解：「費，用之廣也。隱，體之微也。」因此，康熙朝所譯與朱子詮釋較爲接近，而乾隆朝重譯時並未固守朱子之解，而是有所取擇。

（10）君子語大，天下莫能載焉；語小，天下莫能破焉。

「語大」，滿文作「amba babe leoleci」，「leoleci」爲原形動詞「leolembi」（談論）去詞尾加上「ci」假設成份，意爲「若把大地方談論」。而「載」字滿文譯爲「alime」，是動詞原形「alimbi」（承當、受）之並列副動形式，言君子若談論大處，則天下無以承當。《四書或問》卷四〈中庸〉云：「君子之語，道也。其大，至於天地聖人所不能盡，而道無所不包，則天下莫能載矣。」即是此理。

「語小」，滿文作「ajige babe leoleci」，意即「若把小地方談論」。而「破」字滿文作「efuleme」，是原形「efulembi」（毀壞、弄壞）之並列副動形式，故解爲君子若談論小處，則天下無以毀壞。參照《四書或問》卷四〈中庸〉所云：「其小，至於愚夫愚婦之所能知能行，而道無不體，則天下莫能破矣。」可知義理確實深奧不易掌握。

（11）言顧行，行顧言，君子胡不慥慥爾。

「顧」字滿文譯作「tuwašatara」，爲原形動詞「tuwašatambi」（照看）之形動詞態，而「tuwašatambi」本身即是「tuwašambi」（照管、看顧）加上「ta」之動詞連動態，表達出常常、連連做某一動作。因此，「tuwašatambi」爲時時照看之意。「言顧行，行顧言」之滿文可解爲：在言這方面，時時把行爲照看；在行爲這方面，時時把言照看。而「君子胡不慥慥爾」，滿文譯作：ambasa saisai hing hing serengge wakao。其中「hing hing serengge」解爲「即所謂的認眞」，句末「wakao」，表達出一種反詰語氣「不是嗎？」，言君子即是所說的認眞者。

（12）素夷狄，行乎夷狄。

「素」字滿文譯爲「ne」，即「現今」之意。而「夷狄」二字，康熙朝舊譯「i di」，來自漢文音譯，對滿人而言，雖能拼出讀音，卻無法辨知其義。因此，乾隆朝重譯時改爲「tulergi aiman」，即「外面的部落」，詞義明確。「素夷狄，行乎夷狄」，滿文譯作：ne tulergi aiman oci, tulergi aiman be yabumbi。依滿文來詮釋，即現在（自己）若是外面的部落，要做外面部落的事。

（13）君子素其位而行，不願乎其外。

「素其位」，滿文譯作「ini ne i teisu」，即「他現在的職分」。「teisu」有「職分」、「凡物相等相稱」之義。「君子素其位」，言君子要做他現在相稱的職分，而「不願乎其外」滿文譯爲「tereci tulgiyen be buyerakū」。「不願」，滿文作「buyerakū」，即是「不欲」之意。「tereci tulgiyen」是指從彼（職分）以外，言君子不欲做他相稱職分以外之事。

以上所舉諸例，從漢文來看，許多難解之處，若能參照滿文，大多可以明白其義。然而不可諱言者，少數滿文由於繙譯字句之限制，未能詳述明白，亦須參酌《四書或問》，以明朱子之意。然而滿文譯文並非全然依照朱子之詮釋，而是有所考量，擇取合理之解釋，實際上是以譯臣及皇帝之理解爲主，故知滿文繙譯儒家典籍《四書》，其實呈現出四書學的另一種詮釋，也是前人研究領域所忽略的一部分。

三、乾隆帝御論對《中庸》之詮釋

承上所述，滿文譯本其實傳達了譯者的思維，在繙譯的過程中，雖然繙譯官可以有所發揮，但最終的裁決仍在皇帝。因此，從一些御論中可以了解清帝對於繙譯典籍義理之掌握。由於《欽定繙譯四書》是滿文已至成熟階段，並作爲往後各朝繙譯之範本，其影響直至清末，是故應討論乾隆帝之見解，有助於理解繙譯所傳達之旨趣。

據《起居注冊》記載，乾隆三年（1738）三月初二日，乾隆帝詣太學，行釋奠禮畢，御彝倫堂，講官講《中庸》〈天命之謂性〉一章，講畢。乾隆帝即言：

天命之謂性，率性之謂道，是本一貫之理也。亦猶無極而太極，太極而陰陽，陰陽本太極，太極本無極也。蓋道本乎性，性本乎天。至云脩道之謂教，則有人力之施爲而已，非道之本原矣。故論其本原，無所爲離與合也。至有道之可名，于是乎須臾不可離，且戒之曰可離非道，而戒懼愼獨之功，亦莫不因脩道而起，不知喜怒哀樂之未發即天命也，謂之中，即性也。發而中節，即率性也，謂之和，即道也。豈非天下之大本達道乎？故曰致中和，天地位焉，萬物育焉。若曰天地自位，萬物自育而已，倘視喜怒哀樂未發以下爲愼獨工夫，殊失子思子之本指矣。

此御論亦有滿文，轉寫羅馬拼音對照如下：

abkai hesebuhengge be banin sembi, banin be daharangge be doro sembi sehengge, ere emu i hafure giyan ci tucikengge, uthai akū i ten ci da ten oho, da ten ci yen yang banjinaha, yen yang daci da ten, da ten daci ten akūngge sehengge de adali, ainci doro serengge, banin ci tucikengge, banin serengge, abka ci tucikengge, doro be dasarangge be tacihiyan sembi sehe de isinaci uthai niyalmai hūsun baitalara ba bisire be dahame, doroi da sekiyen waka oho, tuttu terei da sekiyen be gisureme ohode, aljambi sere acanambi sere ba akū bihe, doro seme gebuleci ojoro de isinaha manggi, teni majige aljaci ojorakū ohobi, geli aljaci oci doro waka seme targabuhabi, targara olhoro emhun de ginggulere kicen, inu doro be dasara ci deribuhekūngge akū, urgun jili gasacun sebjen i tucire onggolongge uthai abkai hesebuhengge dulimba sehengge, uthai banin tucifi giyan de acanarangge, uthai banin be daharangge, hūwaliyasun sehengge, uthai doro, ere abkai fejergi amba fulehe hafu doro wakao, tuttu ofi henduhengge,, dulimba hūwaliyasun be akūmbuci abka na toktombi, tumen jaka hūwašambi sehebi, aikabade abka na ini cisui toktoro, tumen jaka ini cisui hūwašara dabala seme urgun jili gasacun sebjen i tucire onggolo i amargingge be emhun de ginggulere kicen obuci, dz sy dz i da jorin be ambula ufarabuhabi kai sehe,, 〔註 19〕

〔註 19〕《康熙起居注册》(滿文本)，乾隆三年三月初二日，臺北國立故宮博物院藏。

滿文語譯：

所謂的把天命叫做性，把跟隨了性的叫作道，這是從以一通徹的理出來的，就是所謂的從無極成了太極，從太極去生了陰陽，陰陽起源是太極，太極起源是無極一樣。想是所謂的道，是從性出來了的；所謂的性，是從天出來了的。若是到了所謂的「把修道叫做教化」，就是存在著使用人力的地方，因此變成不是道的本源了。所以論他的本源時，沒有所謂離的，所謂合的地方，到了可以稱名曰道之後，才不可稍離來著。又使誡之若離則不是道，戒懼的工夫、單獨時敬謹的工夫，也沒有不從修道起，在喜怒哀樂出來之前就是天命，所謂的中，就是性出來後合於理者，就是把性跟隨了的。所謂的和，就是道，這不是就是天下偉大根本通徹之道嗎？是故所說了的，若盡心中和，天地要定，萬物要養育。設若說天地自然定，萬物自然養育罷了。雖然如此，若把在喜怒哀樂出來前，從這之後成爲單獨時敬謹的工夫，則失去很多子思子的原本意指啊！

御論之漢文，亦見難解之處，若能以滿文相互參照，大約不失其旨。對於「天命之謂性，率性之謂道」，本是一貫的道理，乾隆帝以《易經》「無極」、「太極」、「陰陽」爲喻，說明道的本原是天。「道的本原」，滿文作「doroi da sekiyen」，即「道的根源」。而「無極」滿文作「akū i ten」，「ten」有「基礎」、「地基」、「極至」、「盡頭處」等義；因此，「akū i ten」即「沒有的盡頭處」。「太極」滿文作「da ten」，「da」有「本」、「根」、「起源」之義；因此，「da ten」可解爲「根本基礎」。至於「陰」、「陽」二字，皆音譯爲「yen」、「yang」，可知滿文本無此字，而不得不藉助漢字音譯來詮釋。依乾隆帝之意，無極、太極、陰陽三者的關係是：由無極變成太極，太極生成陰陽；陰陽本是太極，太極本是無極。同樣地，與道本是性，性本是天的道理相同。至於「脩道之謂教」一句，他認爲「脩道」是有「人力之施爲」，不是道的本原。依前所釋，「道的本原」即是「天」，乾隆帝對於「天命」之「天」的認知，是「無人力施爲」之「自然天」，非可賞善罰惡之「意志天」。因此，「論其本原，無所爲離與合也」。「無所爲離與合」滿文作「aljambi sere acanambi sere ba akū」，即「沒有要說離要說合的地方」。漢文「無所爲」之「爲」，很容易誤爲「作爲」，依照滿文解釋，應是動詞「說」義，漢文可解爲「謂」字。下一句「至有道之可名」，滿文作「doro seme gebuleci ojoro de isinaha manggi」，即「到達了可以稱名曰道之後」。是故，在這種情況下，才說片刻不可離是道，可離不是道。至於「愼獨」的工夫，是因人力施爲欲「修道」而產生。因此，乾隆帝認爲喜怒哀樂未發時就是「天命」，也稱作「中」，即是「性」。喜怒哀樂發而合於理，也就是跟隨性的，叫做「和」，也就是「道」。所以「致中和，天地位焉，萬物育焉。」，依滿文「dulimba hūwaliyasun be akūmbuci abka na toktombi, tumen jaka hūwašambi」而解，即：若把中和盡，天地定，萬物要養育。文末乾隆帝又強調，如果把「喜怒哀樂未發以下」視作是「愼獨工夫」，便是誤解子思的旨意了。

綜上所述，乾隆帝所理解之「天命」之「性」，是喜怒哀樂未發之「性」。發而合於理者，跟隨此「性」才是「道」。而「修道」是有人力之施爲，「愼獨工夫」因「修道」而起，如果將「喜怒哀樂未發以下」即「喜怒哀樂之未發謂之中，發而皆中節謂之和。中也者，天下之大本也；和也者，天下之達道也。致中和，天地位焉，萬物育焉。」將此段視爲「愼獨工夫」，有違子思子的本旨。

以上有關乾隆帝對於《中庸》首章之見解，至乾隆十一年（1746），又因講筵之故再次闡釋「致中和，天地位焉，萬物育焉」之理，《清實錄》記載，乾隆十一年（1746）二月十七日，辰時，上御文華殿，經筵講官阿克敦、彭維新進講《中庸》「致中和，天地位焉，萬物育焉」一節，講畢乾隆帝御論曰：

> 天地萬物本一體，致中和而天地自位，萬物自育，其理自然不待勉強。夫所謂大本不可不立，達道不可不行，豈非教人以戒懼謹獨之意乎？然究而言之，有不可，則有可者，在是尚出於勉強也。出於勉強，則不能致中和而位天地、育萬物矣。蓋天地本無不位也，萬物本無不育也；元黃分而清濁奠，形色章而動植殊，歷混茫以來，有不位、不育之時乎？其不位、不育皆自人心不能致中和而然，初非天地萬物之過也。孟子得子思之正傳，故其言曰：「萬物皆備於我矣。反身而誠，樂莫大焉。強恕而行，求仁莫近焉。」反身而誠，致中之道也。強恕而行，致和之道也。信矣，致中和而天地自位，萬物自育也。

此論滿文本《清實錄》原文羅馬拼音轉寫：

> abka na tumen jaka, daci emu beye, dulimba hūwaliyasun de isibuci, abkai na ini cisui toktoro, tumen jaka ini cisui hūwašarangge

giyan de tuttu banjinarangge, hacihiyara be baiburakū amba fulehe be iliburakū oci ojorakū, hafu doro be yaburakū oci ojorakū sehengge, niyalma be targame olhome, emhun de ginggulekini seme tacibure gūnin wakao, tuttu seme sibkime gisureci ojorakūngge bici, uthai ojorongge bi, ere kemuni hacihiyara ci tucikengge, hacihiyara ci tucici, uthai dulimba hūwaliyasun de isibufi abka na be toktobume, tumen jaka be hūwašabume muterakū, ainci abka na daci toktorakūngge akū, tumen jaka daci hūwašarakūngge akū, sahaliyan suwayan faksalaha de, bolgo duranggi toktohobi, arbun boco iletulehe de, aššara ilirengge ilgabuhabi, hūlhi lampa i fon ci ebsi toktorakū hūwašarakū erin bio, terei toktorakū hūwašarakūngge, gemu niyalmai mujilen i dulimba hūwaliyasun de isibume muterakū ci banjinahangge, abka na tumen jaka de daci jurcen akū, mengdz, dz sy i jingkini ulan be bahame ofi, tuttu terei henduhengge, tumen jaka gemu muse de yongkiyahabi, beye de forgošofi unenggi oci, sebjen ereci amba ningge akū, hacihiyame giljame yabuci, gosin be bairengge ereci hanci akū sehebi, beye de forgošofi unenggi ojorongge, dulimba de isibure doro, hacihiyame giljame yaburengge, hūwaliyasun de isibure doro, yala dulimba hūwaliyasun de isibuci, abka na ini cisui toktombi tumen jaka ini cisui hūwašambi kai,,〔註20〕

起始言「天地萬物本一體，致中和而天地自位，萬物自育，其理自然不待勉強。」其中「致中和」，乾隆三年（1738）《起居注》之滿文作「dulimba hūwaliyasun be akūmbuci」，意爲「若把中和盡心的話」。而乾隆十一年（1746）《清實錄》之滿文作「dulimba hūwaliyasun de isibuci」，意即「若使到達於中和」。可知乾隆十一年（1746）的譯法，表達更爲清楚，是故到了乾隆二十年（1747）《御製繙譯四書》時，亦未加以更改。而「致中和」後，「天地自位，萬物自育」，漢文容易將「自位」、「自育」之「自」誤爲「自己」，此處滿文繙成「ini cisui」，即「自然」之意，與下文「不待勉強」道理相契。接下來，乾隆帝抒發己見，認爲大本不可不立，達道不可不行，豈不是教人在獨處的

〔註20〕《康熙起居注冊》（滿文本），乾隆十一年二月十七日，臺北國立故宮博物院藏。

情況小心戒慎恐懼，這也是出於勉強，因此說「有不可則有可者在是尙出於勉強也」，原來漢文並無句讀，也頗難斷句，若依滿文析之，此處作「ojorakūngge bici, uthai ojorongge bi, ere kemuni hacihiyara ci tucikengge」，意即「如果有不可的情況，就有可的情況，這仍是從勉強所出來的。」因此，漢文應斷爲：有不可，則有可者，在是尙出於勉強也。其理在說明致中和而天地自位、萬物自育，不能出於勉強，出於勉強，則無法到達致中和。

其下「元黃分而清濁奠形色章而動植殊歷混茫以來有不位不育之時乎」，斷句亦有疑慮，滿文作：sahaliyan suwayan faksalaha de, bolgo duranggi toktohobi, arbun boco iletulehe de, aššara ilirengge ilgabuhabi, hūlhi lampa i fon ci ebsi toktorakū hūwašarakū erin bio，意即：黑色、黃色分開來的時候，清濁已定了；形相、顏色明顯了的時，動的、止的已使分別。自混沌以來，有不位、不育的時候嗎？是故應斷爲：元黃分而清濁奠，形色章而動植殊，歷混茫以來，有不位、不育之時乎？其理在補充上句「蓋天地本無不位也，萬物本無不育也。」如果有不位、不育的情況，「皆自人心不能致中和而然」。最後，以得子思正傳之孟子所說之語，來證明前面之論述。即：萬物皆備於我矣。反身而誠，樂莫大焉。強恕而行，求仁莫近焉。反身而誠，致中之道也。強恕而行，致和之道也。信矣，致中和而天地自位，萬物自育也。滿文譯爲：tumen jaka gemu muse de yongkiyahabi, beye de forgošofi unenggi oci, sebjen ereci amba ningge akū, hacihiyame giljame yabuci, gosin be bairengge ereci hanci akū sehebi, beye de forgošofi unenggi ojorongge, dulimba de isibure doro, hacihiyame giljame yaburengge, hūwaliyasun de isibure doro, yala dulimba hūwaliyasun de isibuci, abka na ini cisui toktombi tumen jaka ini cisui hūwašambi kai，意即：萬物都已全備於我們，如果調轉自己後（實踐）誠，沒有比這快樂大的，如果勉強著體諒著實踐，沒有比這求仁者近的，調轉自己後（實踐）誠，是使到達中的道。勉強著體諒著實踐者，是使到達和的道。果眞到達中和的話，天地自然會定位，萬物自然會養育啊。

由上可知，從滿文來解析漢文典籍所產生之結果，值得注意，站在滿人的角度來理解儒家思想，會給予何等啓發，此點待第七章論述之。